D1572220

TU GUÍA INTERIOR

El camino más rápido
para volver a casa

TU GUÍA INTERIOR

El camino más rápido para volver a casa

Diana Jaramillo

© 2013, Diana Jaramillo
www.dianajaramillo.com
info@dianajaramillo.com

© 2013, Ediciones Oblicuas, Inc.
info@edicionesoblicuas.com
www.edicionesoblicuas.com

Primera edición: junio de 2013
Segunda edición: marzo de 2014

Diseño y maquetación: Elisé Comunicación
Diseño de portada: Elisé Comunicación

Impreso por Editora Géminis Ltda.
ISBN: 978-84-15824-26-8
Library of Congress number pending
EDICIONES OBLICUAS, INC.
Miami, Florida - USA

Impreso en Colombia – Printed in Colombia

Tu Guía Interior es el Maestro de Sabiduría
que te guía hacia la paz y el amor.

Es la parte de ti que comprende tu experiencia humana
y también tu realidad espiritual, tu esencia verdadera.

La Guía Interior te conoce perfectamente, mucho mejor que tú mismo.

Sabe exactamente el momento en que te encuentras,
cuáles son tus pensamientos, tus sentimientos, tus retos,
sabe de dónde vienes y hacia dónde vas.

Al tener una visión total de ti mismo, sabe cómo ayudarte
siempre de la manera perfecta y del modo más conveniente para ti.

En el mundo de las formas, esta Guía Interior maneja los medios y
recursos que te permitirán pasar de una etapa de evolución a otra.

Tu Guía Interior está en comunicación y comunión continua
con la Fuente Creadora llamada Dios; desde dónde todo proviene.

Tu Guía Interior siempre te dirige hacia tu verdadero Ser.
Ella es tu intuición, tu Espíritu Santo,
la Voz de Dios que reside en tu interior.

De la mano de esta Guía interna podrás retomar el camino a casa.
Hacia la paz, la felicidad, la abundancia y la unidad.

Tu Guía Interior te llevará de vuelta al lugar de donde provienes
y al que realmente perteneces:

EL AMOR. Tu verdadero hogar.

Índice

Prólogo

Éste es un libro de reflexión e inspiración que te ayudará a reconectar con tu Guía Interior.

Si has llegado a un punto en tu vida donde comprendes que eres mucho más que un cuerpo físico con emociones y pensamientos, que en realidad eres un ser espiritual con potencial ilimitado y reconoces que tienes la intención honesta de abrir el canal de comunicación con el Maestro que habita en ti para que esa fuente de abundancia interior se destape y puedas fluir en las fabulosas posibilidades espirituales de tu ser, entonces este libro es para ti.

Destapar este canal es un paso fundamental en el crecimiento personal, pues al restablecer la comunicación con la Guía Interna podrás acceder a la grandiosa sabiduría y poder divino que reside en tu interior.

Gracias a tu Guía Interna y con su ayuda, lograrás armonizar la relación contigo mismo. Una vez que esta relación empieza a sanar, también las relaciones con los demás comienzan a ser sanadas y transformadas. Al reconciliarte contigo mismo en los diferentes aspectos de tu vida, te vuelves cada vez más feliz, radiante y pleno.

De la mano de tu Guía Interior, despiertas tu propósito interno y empiezas a comprender cada situación que la vida te trae.

Todos necesitamos restaurar la conexión con la Guía Interior porque desde hace un largo tiempo que los seres humanos decidimos vivir desde afuera hacia adentro en vez de hacerlo desde adentro hacia fuera, como es lo natural. Al vivir de esa forma acallamos la voz de nuestro interior, nos cerramos a su guía y empezamos a crear situaciones limitantes, dramáticas, destructivas y dolorosas.

Vivir desde afuera hacia adentro es hacerlo al revés de cómo sería si estuviéramos conectados con nuestro Ser Interior que opera bajo la energía del amor, la sabiduría, la felicidad y la paz. Al desconectarnos del amor dentro de nosotros mismos, entregamos nuestro poder en las manos de otros.

Además, como siempre estamos buscando la experiencia del amor, aunque no seamos conscientes de ello, comenzamos a hacerlo afuera de nosotros de diferentes formas: a través de la aprobación de nuestra familia, mediante una nueva relación romántica, el reconocimiento o éxito profesional, etcétera. Como estas experiencias no nos satisfacen en lo profundo del Ser y de forma permanente, sino de forma superficial y temporal, cuando la euforia de conseguir cierto logro pasa volvemos a experimentar una sensación de escasez o vacío.

Desconectados de nosotros mismos, es decir de nuestro Ser, perdemos nuestra brújula interna y nos colocamos en una situación de necesidad, esperando que el entorno, los demás, o simplemente el día a día, nos llenen, satisfagan y dictaminen lo que debemos ser, sentir o hacer. Así, vamos avanzando con incertidumbre e intranquilidad. Comenzamos a tensionarnos y a pelear contra el tiempo para poder concretar las metas que nos exige el día a día y no nuestro propio Ser. Empezamos a competir y a luchar con otros, a ver faltas en nosotros basadas en las comparaciones con los demás y en las expectativas que imponemos sobre lo que supuestamente deberíamos ser, hacer o tener.

La vida empieza a vivirnos. Nosotros dejamos de vivirla y disfrutarla, haciendo aquello que se espera de nosotros y no lo que realmente queremos hacer. Al no estar en contacto con nuestra esencia real, no nos permitimos ser naturales y espontáneos. Empezamos a temer ser auténticos, hasta que simplemente llegamos a no saber, a ciencia cierta, qué deseamos y qué sentimos en verdad.

En lugar de vivir con confianza, nos envuelven el estrés y el miedo. Nos quedamos atrapados en los quehaceres cotidianos, en los asuntos por resolver y en las demandas externas.

Una vez que hemos empezado a vivir la vida al revés, esta sinergia empieza a tomar fuerza. Es como un círculo vicioso que se retroalimenta del miedo y de las obligaciones generadas por nosotros mismos. Para deshacernos de este círculo, tenemos que detenernos y re-encaminarnos de vuelta hacia nuestro Ser Interior, donde se encuentran la luz y la salida.

Si no lo hacemos, el círculo sigue creciendo y envolviéndonos como un tornado que nos jala con su fuerza y tracción. Nos vamos perdiendo cada vez más en las preocupaciones por todo aquello que nos rodea hasta que llega un punto en el que nos olvidamos completamente de nosotros mismos y de nuestra naturaleza verdadera.

Nos olvidamos de que toda la sabiduría y el poder divino residen en nosotros. Nos olvidamos de que nosotros mismos fuimos quienes creamos el caos. Nos olvidamos de que las soluciones están adentro y no afuera. Y sobre todo, nos olvidamos de lo maravillosos que somos, de lo fabulosa que es la vida y de que, sin darnos cuenta, hemos cambiado el disfrute por el sufrimiento.

Al mantener un estado de caos constante, nos llevamos al límite de permitir que una situación casi imposible pueda ocurrir: desconectarnos de nosotros mismos. Digo «casi imposible» porque, en realidad, es imposible desconectarnos de nuestro propio Ser. Podemos sentirnos o creernos desconectados debido a todo aquel caos y miedo que producimos, pero en última instancia no podemos hacerlo verdaderamente, ya que somos uno con nuestra Fuente y nuestra realidad siempre es la unidad.

Sin embargo, en una especie de ilusión, dejamos de escuchar a nuestro Ser, que se comunica con nosotros de muchas formas que podemos percibir a través de nuestra Guía Interior. Al dejar de prestar atención y abandonar esta brújula interna, lógicamente perdemos el norte y desde entonces sólo escuchamos otra guía muy diferente: la voz de los pensamientos demandantes, temerosos y egocéntricos; una voz a la que comúnmente se le llama la voz del ego.

El ego, a pesar de ser una proyección de nosotros mismos en el exterior y no un ente real, ahora parece cobrar vida propia y dirigirnos hacia posibilidades problemáticas que se repiten una y otra vez. De esta manera, experimentamos situaciones conflictivas que sólo cambian en su forma pero no en su contenido. Nos encontramos atrapados en un laberinto que parece llevarnos a muchas salidas pero que al final nos encierra en el mismo cuarto de siempre.

Hemos hecho esto posible porque, al descuidar la relación con nuestro Ser Interno, hemos generado un estado mental ansioso que se ha convertido en nuestro modo de operar; un modo de pensar temeroso sostenido en una actitud de miedo que nos lleva a reaccionar ante la vida de forma defensiva y controladora en vez de hacerlo de una manera reflexiva y fluida.

Este estado mental ansioso de ego es como una nube oscura de pensamientos problemáticos que nos empuja y nos dicta lo que debemos hacer.

Sin embargo, en lo profundo de nuestro interior guardamos un recuerdo que transciende el estado conflictivo. Sabemos que más allá de él existe algo maravilloso y real en nosotros. Incluso en ocasiones, que generalmente son de tranquilidad, logramos oír sutilmente esa Voz que nos devuelve la paz y confianza: la Voz de nuestra Guía interior.

A esta Voz muchos también le llaman la intuición, el Maestro Interior, el Ser Interior, y no sólo se manifiesta como una voz interna, sino también como un sentimiento, o como mensajes o mensajeros que llegan a nuestra vida a través de personas, eventos o circunstancias. Esta voz habla de muchas maneras pero hay que estar atentos y aprender a escuchar y observar.

Cuando las personas escuchan y siguen esta «intuición», se ven envueltas de tranquilidad y son guiadas hacia una resolución fluida de los asuntos en sus vidas.

Esta intuición es nuestra Guía Interior y todos la tenemos, pero a pesar de que ella siempre está dispuesta a dirigirnos por un camino de paz, las personas ya no sabemos cómo acceder a ella de una manera consciente y constante.

Pensamos que la intuición se presenta sólo en ocasiones especiales y no percibimos que es todo lo contrario. La Guía Interior siempre está presente, pero sólo la escuchamos en ocasiones especiales.

Restablecer los lazos con nuestra Guía Interior es fundamental si queremos vivir nuestra vida desde el punto de vista de la confianza, la paz y la fluidez. En cambio, si nos mantenemos desconectados, continuaremos inconscientemente viviendo la vida desde la ansiedad, los problemas y el temor, bajo la guía de un maestro que procede de nuestros pensamientos de miedo y que nos presenta posibilidades de limitación y egoísmo.

El libre albedrío consiste en escoger bajo qué clase de guía queremos vivir nuestra vida.

Aunque parezca que existen muchas alternativas a seguir, en realidad sólo hay dos: La Guía Interior, el Maestro del amor, la sabiduría y la paz; o La guía del temor, maestro del caos al que llamamos el ego.

En lo profundo del Ser, todos los seres humanos queremos ser felices, vivir en paz, en confianza y en verdadero amor. Sin embargo, no todos nos disponemos a dedicar el tiempo y la energía que nos permitan restaurar los lazos con ese Maestro de Amor o Guía Interior que nos lleva directamente hacia estas experiencias y estados de armonía.

Al estar sumergidas en vidas caóticas, las personas no ven la importancia de abrir un espacio para sí mismas. Aún no comprenden que el modo de salir del caos empieza por reconectarse con su propio poder interno. No creen que sea tan importante comprometerse con ellas mismas y por lo tanto no toman la decisión de buscar su propia transformación y evolución. Se han colocado en una falsa zona de comodidad y ahora esperan a que las circunstancias externas o las otras personas cambien para poder recobrar ellas la felicidad.

Sin embargo, para volver a la tranquilidad y a la paz interna deben tomar una decisión consciente de retornar a su verdadero Ser. En un acto de amor, deben empezar por ellas mismas y regalarse un tiempo y espacio de reconexión interior que les permita sanar para luego florecer.

Cuando la relación con el Ser sea restaurada, podrán acceder nuevamente a su propia sabiduría y poder interior; y así serán dirigidas a una experiencia real de amor, abundancia, armonía y dicha en su día a día.

Tu experiencia de vida puede cambiar sólo con tomar la firme decisión de dedicar un tiempo para tu propio Ser. Considero, sin duda, que es la mejor elección e inversión que puedes hacer en toda tu vida.

Si ésta es tu decisión, mi gran alegría es poder ayudarte a recordar tu poder interior y a redescubrir tu Guía Interna a través de este libro práctico.

Con amor,

Diana

Introducción

Antes de comenzar las prácticas con este libro, quiero contarte un poco acerca de mi vivencia con la Guía Interior. Establecer esta relación ha sido sin duda el hecho más poderoso que ha ocurrido hasta ahora en toda mi vida. Gracias a esta profunda experiencia, ha nacido en mí el gran deseo de compartir este libro contigo y ayudarte para que tú también puedas acceder a la paz, el amor y la compañía que se generan cuando te reencuentras con este Maestro Interior.

Este libro es un puente de conexión que te permitirá avanzar hacia tu Ser y restaurar la memoria acerca de tu Guía Interior. Cada uno de sus apartados ha surgido desde la amorosa Guía Interior que vive en mí.

Creo que es importante recordarte que esta Guía Interna se te manifiesta con una petición consciente de tu parte. Siempre está disponible para todos y en todo lugar, pero nunca se impone sobre ti si no le abres la puerta. La experimentas sólo por tu invitación voluntaria. Es por eso que la decisión siempre está en tus manos.

Cada vez que yo invito o me reconecto con esta Guía Interna, soy ayudada a ver las cosas, personas o situaciones con los ojos de la claridad y la tranquilidad. Los juicios, condenas, o creencias falsas que yo había impuesto desaparecen y vuelvo al estado de libertad, amor y paz que es nuestra naturaleza espiritual.

Tu Maestro Interno siempre te lleva a la experiencia de la transformación divina, ayudándote primero de una manera interna y luego de una forma externa.

Cuando me mudé a Miami hace más de diez años era consciente de que estaba manifestado en mi vida ciertos ideales que yo ansiaba mucho. A pesar de que en apariencia todo «estaba de maravilla», tenía una sensación de vacío e insatisfacción que no comprendía y que me llevó a cuestionarme a un nivel más profundo qué eran verdaderamente la felicidad y la paz; cómo podía encontrarlas. También surgieron preguntas trascendentales acerca de cuál sería la naturaleza de mi ser y cómo acceder a mi esencia.

Recuerdo que un día pedí honestamente y con todas mis fuerzas internas un cambio. Lo pedí en mis oraciones, lo pedí en mis meditaciones, lo pedí desde el corazón. La respuesta no tardó en llegar y pronto tuve en mis manos un regalo que me hizo mi amigo músico Fabián Hernández. Ese día recibí un libro que ahora considero la columna vertebral de mi cambio personal y despertar espiritual: Un Curso de Milagros. Allí encontré una forma clara, consistente y sistemática para reconectar con mi Guía Interior.

Después de casi un año de estudio con el Curso, la Voz de mi Maestro Interno, o mi Guía Interior, como yo la llamo, empezó a ser clara en mi mente y yo comencé a vivir la aventura de autoconocimiento más extraordinaria que jamás hubiera podido imaginar.

Comencé a ser dirigida de una manera fabulosa hacia la

resolución de mis aparentes problemas. Las diferentes áreas de mi vida se transformaron y empezaron a tomar color, como si antes hubiera estado viviendo en blanco y negro. Empecé a darme cuenta que mis relaciones con los demás, conmigo misma y con el mundo eran producto de la forma como yo pensaba acerca de todo. Comprendí que las creencias que había almacenado en mi mente y mis conclusiones con respecto a mis experiencias, conformaban mi realidad.

Estas ideas ya las había escuchado y leído muchas veces y eran, para mí, algo así como una filosofía muy interesante. Aún no las entendía verdaderamente puesto que estaban sólo en el nivel intelectual. Como esta información todavía no se había integrado en mí, sentía entonces que existía una incoherencia entre la teoría y la práctica.

Acumular información no había sido suficiente. No lo sabía, pero necesitaba un entrenamiento formal y un compromiso constante para poder hacer el cambio de una mentalidad temerosa a una mentalidad basada en la confianza. Un Curso de Milagros me ofreció esta posibilidad. Al no ser sólo un texto teórico sino también un manual práctico con ejercicios diarios, pude llevar a cabo una verdadera transformación.

Comprendí que la mente debe ser entrenada y que necesita una práctica constante para despertar de su condicionamiento. El de Un Curso de Milagros es un entrenamiento que no pretende forzar a la mente a pensar de una determinada manera, sino ayudarla a liberar los obstáculos y creencias limitantes que se formaron en ella para que pueda luego operar en un marco amplio donde existe la libertad y armonía.

El comprometerme conmigo misma fue un paso fundamental. Sin ejercer mi fuerza de voluntad, no hubieran podido ocurrir ni esta transformación ni la limpieza mental.

Tras poco más de un año de entrenamiento con Un Curso de Milagros, comencé a facilitar clases grupales sobre este libro. El facilitador del grupo al que yo asistía, tuvo que ausentarse y me pidió que le reemplazara temporalmente, pero por alguna razón, él nunca regresó. Debido a que la experiencia de enseñar me resultaba fascinante, estaba aprendiendo mucho y los alumnos me acogieron con sumo interés y amor, continué facilitando la clase. El tiempo parece haber volado cuando pienso que ahora, ya en el 2013, he cumplido 10 años facilitando semanalmente clases sobre este curso.

Cuanto más me abría a esta Guía Interna, más bendiciones aparecían. Una gran ola de maravilloso conocimiento empezó a llegar también: maestros verdaderos y guías espirituales se manifestaron en mi vida de forma sincrónica para ayudarme. Recibí un entrenamiento de forma personal y práctica que me permitió una transformación y una sanación interna.

Durante los siguientes años me fui formando en variados entrenamientos de autoconocimiento. Después de una maravillosa e intensa preparación, casi sin darme cuenta, de forma amorosa y fluida, fui dirigida a desempeñarme en una nueva profesión que me gratifica enormemente: ayudar a los demás a reencontrarse con su verdadero Ser.

Me fui convirtiendo, como yo le llamo, en una guía de crecimiento personal y despertar espiritual. Comencé a diseñar y a facilitar diferentes talleres y cursos grupales así como terapias privadas. Más adelante, mi esposo Marcos, uno de los más fantásticos milagros manifestados en mi vida, se unió a esta aventura y ahora facilitamos juntos diversos cursos.

Con el conocimiento y la experiencia de transformación recibidos, me interesé en diseñar un entrenamiento de crecimiento personal para ayudar a las personas de forma individual. *Vive de adentro hacia afuera* es un programa que las ayuda a reconectar con los propósitos de su Ser Interno en sus diversas áreas de vida y a incorporarlos en su día a día de forma práctica y concreta.

Comprender que todas las áreas de la vida se entrelazan y observar cómo, al cambiar internamente, mi vida cambiaba en todas sus ámbitos me inspiró a realizar este programa integrando las diferentes áreas de la vida. Cada vez más experimento que todo está unido, que nada está desconectado de nada. Cuando trabajas desde tu Ser, todo se integra, y a la vez empiezas a ser más consciente de cada una de tus partes y del modo en que cada una de ellas afecta al todo.

El proceso de evolución es constante, así que de la mano de mi Guía Interna cada día obtengo nuevas oportunidades de crecer, sanar y descubrir más fabulosos potenciales. Es un grandioso renacimiento continuo.

Esto no quiere decir que todo lo que vivo me agrade o que no experimente dificultades o retos en mi vida, sino que ahora la forma de abordarlos es desde otra perspectiva. Puede ser que momentáneamente se nuble mi visión o que el temor aparezca, pero establecer la relación consciente con mi Guía Interna me ha capacitado para centrarme más rápidamente y para pedir la ayuda desde mi interior, para aquietarme, para entrar nuevamente en la confianza y en mi poder interno. Y sobre todo, para recordar que la solución siempre está dentro de mí.

Las palabras realmente se quedan cortas para describir lo que ha representado la reconexión con mi propio Maestro Interior. Sólo al vivirlo puedes comprenderlo.

Los cambios que se han propiciado en mí son innumerables, pero todos ellos parten de un mismo cambio global. Un cambio de percepción. Un cambio radical en la manera de ver todo en mi vida. Esto es para mí realmente una hazaña que sólo ha sido posible porque retomé el contacto con mi Guía Interna. Mi visión anterior sólo se limitaba al mundo de los sentidos; era como tener puestas unas gafas empañadas que ensombrecían completamente la realidad. La fabulosa apertura mental que estoy experimentando estaba totalmente fuera de mi alcance y de mi capacidad anterior.

Ahora se abrió una compuerta a extraordinarias posibilidades. Y cuanto más conecto con mi Guía Interior, más dicha y felicidad experimento. Cada vez descubro que hay más y más fabulosos potenciales por vivir.

La libertad y el amor incondicional son una experiencia que todos podemos y merecemos vivir.

El libro que ahora tienes en tus manos surgió un día como un deseo de ayudar a más personas a reconectar y a acceder a su grandiosa Guía Interior. Es por esto que quiero brindarles una herramienta que les permita restablecer esta relación.

Crear esta relación es un proceso, un ejercicio consciente, y es más simple hacerlo si tienes una ruta que te lleve hacia ello.

Con este libro tendrás durante un año, cada semana, la oportunidad de encontrarte con tu Guía Interna, y por lo tanto contigo mismo. Cada semana será una cita contigo, para volver a tu verdadera esencia, para limpiar las capas de miedo, para recargarte, para inspirarte, para descansar y salir del trajín o simplemente para lo que tu Guía Interna tenga preparado para ti durante esa semana.

Te invito a regalarte la poderosa experiencia de reconectar con tu Guía Interior.

¡Tú mereces vivir libre, feliz y en paz!

Deseo que accedas a ese preciado tesoro que vive en ti:

Tu amorosa Guía Interior.

Cómo usar este libro

Éste es un libro de reflexión e inspiración que te ayudará a reconectar con tu Guía Interior. Cada práctica tiene un propósito específico y representa un cimiento en la restauración de la comunicación con tu Ser Interior.

Como guía práctica el libro está compuesto de cincuenta y dos capítulos. Cada uno de ellos contiene una reflexión dirigida para una semana. En un total de cincuenta y dos semanas completarás el ciclo de un año.

El modo en que uses este libro seguramente será la forma perfecta que necesitas para ese momento dado. Puedes usarlo leyendo un capítulo por semana, como una guía puntual que te trae el mensaje del día, también puedes hacer una práctica diaria por cincuenta y dos días, o bien puedes leerlo todo completamente a tu propio ritmo.

Para desarrollar una conexión consistente y profunda con tu Guía Interior, te recomiendo usarlo de la siguiente forma:

REALIZA UNA PRÁCTICA POR SEMANA DURANTE UN AÑO

1. Lee una reflexión por semana: Comenzarás cada semana leyendo un capítulo.

2. Durante esa semana lee la misma reflexión diariamente: Toma diez minutos de tu día para leer el capítulo. Si te es posible, escoge un mismo horario cada día para esta lectura. Esto creará un hábito para la cita con tu propio Ser. Durante esa semana, lee esta reflexión en la hora elegida.

3. Medita sobre el tema una o dos veces en la semana: En esa semana escoge al menos un día para meditar sobre este capítulo. Por ejemplo Semana 17: Tema «Ten paciencia». Después de leer el capítulo cierra tus ojos y dedica diez minutos más a reflexionar o meditar sobre este tema. Abre tu mente y corazón al verdadero propósito y significado. Piensa cómo este tema tiene que ver contigo ahora. Identifica en que áreas de tu vida puedes aplicar esta intención.

4. Practica tu intención: Busca llevar a la práctica este tema durante la semana. Estate alerta a las oportunidades que ofrece tu día a día para practicar la intención que te has propuesto esta semana. Si ves que aún no estás listo para responder acorde a tu intención, cuando se presente una situación simplemente observa cómo reaccionas ante ella y renueva en tu mente la intención para una próxima oportunidad.

Cuando acabe la semana, pasarás a la siguiente reflexión y repetirás los cuatro pasos.

La maravilla de restablecer la comunicación con tu Guía Interna te llevará a una transformación vivencial que no puede describirse con palabras. Tú debes experimentarlo. Sin embargo, tu relación con ella te lo demostrará, llevándote a una hermosa, poderosa y sorprendente realidad.

Espero que este libro sea una fascinante aventura que te conduzca a establecer la relación más fabulosa que jamás hayas podido tener:

La relación con tu Guía Interior.

Nota: A lo largo del libro encontrarás palabras sinónimas a la Guía Interior, como el Maestro Interior, el Ser Interior, la Voz de tu interior. Estas palabras han sido puestas conscientemente con mayúscula o resaltadas para llamar tu atención. Todas ellas representan a la Guía Interior y te recuerdan que la grandiosidad y fuerza espiritual de tu verdadero Ser te acompañan siempre, ayudándote a trascender las limitaciones de personalidad para llevarte hacia la paz, la felicidad y la realización que verdaderamente te pertenecen.

Enseña sólo amor, porque eso es lo que eres.

– Un Curso de Milagros –

Nada real puede ser amenazado.

Nada irreal existe.

En esto radica la paz de Dios.

- Un Curso de Milagros -

Semana • 1 •
Clarifica tu propósito

Tu propósito se aclara cuando elevas la mirada por encima de tus metas y reconoces que no es el logro de la meta en sí lo que buscas y lo que te llenará, sino la experiencia de transformación que ocurre en ti durante su proceso.

En la transición de alcanzar tus logros ocurre una metamorfosis y surge el nuevo tú que deseas ser; lleno de vivencias, crecimiento y evolución. Reconoces que más allá de tus objetivos, estás buscando reencontrarte y recordar quién eres realmente.

Dentro de ti reside una Guía Interna sabia, que comprende el propósito del camino que recorres y que conoce los deseos de tu alma. Ese Maestro Interior te apoya y te ayuda a trascender las dificultades cada vez que tú eliges escucharlo y seguirlo.

Cuando no sigues tu Guía Interna de amor y, por el contrario, te dejas llevar por la mentalidad de temor y control, tienes la sensación de estar perdido, de no tener un rumbo claro ni un propósito definido. Te comparas con los demás y determinas tu éxito según los logros de los otros.

Al desconectarte de tu Guía Interna, tu mente se nubla, entras en un estado de ansiedad y dejas de disfrutar del presente. Pasas por alto valorar lo que tienes y no puedes comprender el propósito de nada de lo que te sucede.

Si tus metas son impuestas por los pensamientos y emociones de miedo, tu felicidad presente se disuelve, esperando el logro de un objetivo futuro. Si algo no sale como esperabas, te irritas porque no puedes apreciar el aprendizaje que te brinda el recorrido. Si no estás atento en el presente, no puedes disfrutar del camino.

Al cambiar de percepción y decidir que tus propósitos sean dictados por tu Sabiduría Interior, ellos se trasforman en el maravilloso mapa que te lleva a tu realización personal y espiritual. Te haces consciente de que las metas son una herramienta de aprendizaje y no un fin en sí mismo.

Conectarte con tu Ser Interno te capacita para ser amoroso y compasivo contigo mismo, a volverte consciente de tus deseos y a tener claridad sobre tu propósito. Puedes desapegarte más fácilmente de los resultados y concentrarte en vivir el ahora, dejando de lado las alternativas que causan conflictos y dolor.

Darte cuenta de que no tienes que esperar a tener grandes logros para estar en paz y ser feliz te libera, pues comprendes que estos estados son una elección que puedes tomar o desechar independientemente de las circunstancias externas.

Usar el poder que vive dentro de ti para trascender tus limitaciones, te llevará cada vez más al reconocimiento de que la felicidad está siempre a tu disposición. Pues tú la puedes elegir

Reconciliarte contigo momento a momento te dará la clave para disfrutar de tu vida. Si sigues tu luz interna aclararás tu propósito y la tranquilidad volverá a ti. Así que invita a tu Guía Interior cada vez que te acuerdes para que te muestre cómo hacerlo.

Tú tienes un grandioso rol por manifestar en este mundo. Deja de aplazar tu felicidad y elige ser feliz ahora.

No importa que tus metas aun no se hayan cumplido, el ahora es siempre el mejor momento para ser feliz.

Es maravilloso enfocarte en tus propósitos, pero recuerda que la paz, la dicha y el amor viven dentro de ti. ¡En el presente!

*Dejaré que la puerta que se encuentra detrás
de este mundo se abra,
para así poder mirar más allá de él,
al mundo que refleja el Amor de Dios.*

– Un Curso de Milagros –

Semana · 2 ·
Visualiza

Tu mente creativa posee la capacidad de visualizar posibilidades continuamente.

Al elegir constantemente visualizarte a ti mismo renovado, feliz, amoroso y próspero, activas tu poder interno, atrayendo los medios que permiten la realización de estas experiencias en tu vida.

Cuando continuamente te visualizas en medio de conflictos, escasez, enfados y temores, estás utilizando tu poder creativo a favor de tus limitaciones. Estar enfocado en estas ideas atrae a tu vida más obstáculos que imposibilitan una experiencia armoniosa.

Tu ser vive en una actividad continua de creatividad. Aunque seas consciente o inconsciente de tu poder creativo, todo el tiempo estás atrayendo a tu vida eventos, personas y situaciones que se adaptan al tipo de visiones que sostienes en tu mente.

Es tu labor elegir qué tipo de experiencia deseas manifestar e imaginar situaciones acordes con esta nueva visión. Cuando invitas a tu Guía Interna, recibes ideas creativas que te llevan a enfocar tu visualización en pensamientos e imágenes de paz y alegría.

Tu imaginación dirigida es un combustible poderoso que le permite a tu mente aclarar su objetivo y enfocarse en él. Entre más consciente y atento estés a tus pensamientos, más fácilmente podrás atraer y manifestar el tipo de vida que realmente deseas.

Trabaja tu mente junto al Maestro de Amor en Ti, usa tu imaginación y visualiza repetidamente la esplendida vida que te mereces.

Decídete a dejar de ser la víctima de las circunstancias. Si no te gusta tu situación actual, imagina con determinación la nueva vida que quieres tener. Y si tus pensamientos de conflicto son muy fuertes, entrégaselos a tu Guía Interior para que te ayude a disolverlos y a quitarles el poder que tú les has otorgado.

Cambia el curso de tus experiencias utilizando el poder de tu visión, y comprueba que la Fuente Creativa que reside en ti está siempre dispuesta a servirte. Reconócela y úsala. Pídele su dirección y espera, pues la respuesta siempre llega en el momento justo.

Visualiza una vida en la que eres el dueño de maravillosos pensamientos. Una vida en la que tú diriges a tus pensamientos y no ellos a ti.

Una vida en la que tu amoroso poder creativo es la fuerza que te impulsa donde quiera que vayas.

Solo tú eres el dueño de tus pensamientos.

Hoy puedes visualizar una vida grandiosa de la mano de tu Guía Interior.

El momento del cambio ocurre siempre en el ahora.

Liberar al mundo de toda clase de dolor no es otra cosa
que cambiar de mentalidad con respecto a ti mismo.

– Un Curso de Milagros –

Semana · 3 ·
Suelta y deja ir

Desapegarte en paz es decirle «adiós» al pasado con aceptación y amor, soltando el control y el temor sobre el futuro y permitiendo que la vida te muestre nuevas alternativas para avanzar con fluidez y libertad.

Al confiar en tu Ser y en tu verdadera esencia, te capacitas para abrazar el cambio y renacer a una nueva etapa.

Cuando te conectas con tu Sabiduría Interior, comprendes que cada momento es para vivirlo y consumirlo completamente en el aquí y el ahora. Al liberarte de la necesidad de repetir el pasado, aprendes a dejar ir lo ocurrido y permites que la llegada de nuevas y armoniosas experiencias se manifieste en tu vida.

Insistir en que las situaciones o personas tengan que ser como tú esperas te ancla en el ayer y te limita las nuevas expresiones. Esta mentalidad te atrapa en una falsa zona de confort, te impide crecer, evolucionar y comprender, en un nivel profundo, el propósito real de los acontecimientos, así como la verdad de tu Ser.

Al comprender que experimentas un proceso de crecimiento personal y maduración espiritual constante, dejas de pelear con los cambios que te presenta la vida y puedes acoger las nuevas aventuras más fácilmente. Si dejas de aferrarte a los demás o a una situación en particular, esa resistencia que te impedía avanzar se debilita y se va trasformando en aceptación, comprensión, o incluso en gratitud.

Centrarte en el momento presente abre el canal de comunicación con tu Guía Interna. Al despejar la mente de quejas, críticas y culpas, dejas a tu Maestro Interior liberarte de cualquier sensación de pérdida relacionada con el pasado, ayudándote a sanar las ideas y emociones que te anclaban. Este proceso finalmente siempre te lleva a una resurrección.

Dejar ir y desapegarte implica valor, pues esta decisión te mueve de esa falsa zona de confort y te permite adentrarte en una zona desconocida que puede desubicarte temporalmente. Cambiar y dejar ir las viejas creencias implica reconocer y atravesar tus miedos internos, estar dispuesto a permitir que simplemente ocurra algún cambio en las formas, si es que así debe suceder.

Atravesar por tus temores se puede reflejar en un malestar emocional, mental, e incluso físico. Sin embargo, no tienes por qué hacer esta transición solo ni bajo la guía de tu maestro del temor o ego, sino invitando a tu Guía Interior. Así se te mostrará el modo amoroso y saludable de pasar al otro lado de esta etapa. De la mano de tu Maestro Interno, entras fortalecido al siguiente ciclo de vida. Después de la depuración, surgen en ti cualidades indispensables que te ayudarán a avanzar en tu nuevo camino.

Gracias a la abundancia que reside en tu interior, entre más te capacitas para dar y soltar lo pasado, más te preparas también para recibir la fuerza del presente y para vivir sin apegos y feliz en el ahora.

Tu Guía Interna te ayuda a identificar las diferentes etapas que atraviesas y te enseña a aceptar esos diferentes momentos de tu evolución. Ese Maestro amoroso que vive en ti, te da la sabiduría y visión para saber —como ocurre con la mariposa— cuándo estás dentro del capullo oscuro preparándote para un renacer, y cuándo estás listo y fuerte para salir a volar.

En cambio, cada vez que te enfocas en tus miedos, te cierras a tu Guía Interior y comienzas a escuchar sólo a la voz de tu personalidad limitante. Desde esta perspectiva temerosa no ves las soluciones, pues entras en un estado de conflicto. A partir del miedo no puedes ver la salida de nada porque la ansiedad, las frustraciones, los resentimientos o las culpas te ciegan.

Al dejar de proyectar tus miedos pasados en el futuro y volver a confiar en el ahora, te centras de nuevo en el presente y te abres al amor. Tu Guía Interna sabe dar este paso por ti, si tú la invitas a hacerlo. Ella te saca del estado mental de temor y te lleva a un estado de tranquilidad mental y emocional desde donde puedes vislumbrar maravillosas realidades y experimentar milagrosas soluciones.

La Guía Interna es tu misma sabiduría innata. Cuando permites que opere en ti, ella se encarga de llevarte por un camino seguro donde encuentras consuelo, tranquilidad y amor. Al abrirte a su cuidado, te enseña a ver cada reto como una oportunidad para crecer y extender todo tu potencial interior.

Recordar que caminas de la mano de tu Dios Interior te da la fuerza para soltarte al presente desconocido y convertir tu vida en una grandiosa travesía donde descubres que, más allá de las sombras, siempre está la luz, y que más allá de la luz siempre está el amor de Dios.

El desapego puede ser tu amigo y llevarte a la libertad de ser tú mismo.

Decídete a soltar y a dejar ir todo aquello que obstaculiza tu paz y que te impide ser auténtico.

Es el momento de confiar, de soltar y de vivir plenamente el presente.

¡Ser feliz es siempre tu elección!

El tiempo de decidirte ocurre en el ahora.

*Los maestros de Dios proceden de todas partes del mundo
y de todas las religiones, aunque algunos no tienen religión.
Los maestros de Dios son los que han respondido.
La llamada es universal y está activa en todo momento
y en todas partes.
Muchos la oyen pero muy pocos responden.*

– Un Curso de Milagros –

Semana · 4 ·
Recuerda a tu maestro interior

En ti reside el poder de un grandioso y luminoso Maestro. Tu mente puede haberse quedado dormida, olvidando temporalmente su poder. Sin embargo, en la profundidad de tu Ser, tu Guía Interior sigue viva, esperando a que la invites para ayudarte a trascender tus retos y obstáculos, a despertar a una nueva consciencia y a recordar quién eres realmente.

Cuando reconectas con tu Guía Interna descubres que dentro de ti existen maravillosas alternativas inexploradas; posibilidades que te permiten liberar las ataduras del pasado, superar los límites de pensamiento que te generan conflicto y redescubrir tus fortalezas y sabiduría interior.

Al reconocer que el poder de tu mente es tan grandioso y que gracias a él atraes momento a momento experiencias y situaciones en tu vida, comprendes la importancia de estar alerta sobre lo que piensas, para así sostener sólo aquellas ideas que atraigan la paz y la armonía hacia ti.

Si sueltas tu poder en los acontecimientos externos, te conviertes en la víctima de tu historia personal, comenzando a ver todo en forma dramática y desorientándote acerca del propósito de tu vida. Al recordar que en ti vive un Gran Maestro, puedes parar y pedir su ayuda. Tomar un momento para reconectar con tu sabiduría innata te permite observar cómo los pensamientos y sentimientos que mantienes proyectan una realidad acorde a ellos.

Donde quiera que vayas, enseñas lo que hay en tu mente. Si tu mente está llena de temor, serás un maestro que vive constantemente dudando, atacando y defendiéndose. Si tu mente está llena de amor, sabrás amarte, aceptar tus retos y comprender a tu entorno.

¡Eres el maestro de tu vida! Todo el tiempo enseñas lo que piensas.

¡Qué tipo de maestro quieres ser, depende de ti!

Dentro de ti, vive ese Maestro grandioso que sabe perfectamente cómo llenar tu mente de amor y paz. Esa es tu Guía Interior, que te invita continuamente a que la escuches. Ella te puede asistir cuando tú eliges hacerlo y pedirle su ayuda con el corazón abierto.

Cuando decides volver a la esencia de quien realmente eres, todo el Universo conspira a tu favor. Te das cuenta que tu verdad interior nunca te ha fallado y que tampoco nunca lo hará.

Reconectarte con tu propio Ser deshace la angustia, la tristeza y el dolor, dando paso al renacimiento de un nuevo tú.

Ahora mismo puedes elegir escuchar tu Guía Interior y reconciliarte contigo mismo.

Tú eres realmente un Gran Maestro. ¡Y en el fondo de tu corazón lo sabes!

El momento del cambio siempre es tu elección

La felicidad es un atributo del amor.
No se puede separar de él ni experimentarse donde éste no está.
El amor no tiene límites, al estar en todas partes.
La dicha por consiguiente esta también en todas partes.

– Un Curso de Milagros –

Semana · 5 ·
Decídete a ser feliz

La felicidad es un estado natural que vive en tu interior.

Tú mereces ser feliz y vivir feliz.

En la medida en que te liberas de culpas, críticas y quejas, abres un camino de amor propio que te lleva al estado de felicidad.

Ser feliz es el resultado de tomar una decisión consciente y radical de experimentar paz en cada momento. La forma cómo piensas tiene el papel principal en esta decisión. Tus pensamientos son un espejo que proyecta una realidad acorde a los mismos.

Según la forma en que piensas respecto a ti mismo y a tu entorno, atraerás y reflejarás experiencias acordes a este pensar; bien sean experiencias que proyecten conflicto, dolor y separación, o que reflejen armonía, alegría y unión.

Tu mente procesa continuamente la programación que recibió del pasado y la información actual de la colectividad. Tu mente esta entrenada a reaccionar bajo pensamientos de temor de tu propio ego o pensamientos falsos de limitación.

Es indispensable entrenar tu mente para mantener el enfoque en la felicidad y dejar de hacerlo en ideas de tristeza, soledad, escasez, o cualquier característica que represente limitación.

De la mano de tu Guía Interior de amor y sabiduría, puedes reprogramar tu mente. Cuando la invitas a sanar tu mente, logras borrar los viejos archivos de pensamiento, trascender los límites y aprender a vigilar constantemente tus pensamientos para elegir y sostener aquellos que vibren en una frecuencia de unidad, paz, fortaleza y felicidad.

Ser feliz implica que te perdones y te liberes de culpas y reproches personales. Practicar el auto-perdón, te llevará a aceptarte tal como eres, y de esta forma será natural extender esta aceptación hacia los demás.

Requieres valor para mantener vigente la decisión de vivir perdonado. Una vez que pasas la página, debes tomar la determinación de no estar mirando atrás cada vez que dudes. Debes mantenerte alerta y en conexión constante con tu Guía Interior, ya que el mayor juez que te condena se encuentra en tu propia mente.

Cuando estás en medio de pensamientos de juicios, condenas e insatisfacción, te ciegas e interpones una barrera que te impide entender el propósito de las situaciones. No puedes ver lo transcendental ni entender las lecciones de crecimiento que se ocultan tras todo acontecimiento.

Si tus pensamientos de insatisfacción son constantes, no debes condenarte por tenerlos, sino entregarlos a tu

Guía Interior —ese maestro, sabio y sanador que vive en ti— para que te ayude a deshacerlos, a limpiar tu mente para que no siga atrapada en las carencias, ya que esto frena tu evolución y la posibilidad de experimentar grandes alternativas.

Ser feliz comienza dando el gran paso de abrir la puerta de comunicación con tu Maestro Interior; aquel que conoce el camino de regreso al estado de paz y que te conduce de vuelta al verdadero amor.

Elegir ser feliz es un acto de amor por ti mismo que te lleva a vivir en armonía, no sólo contigo sino también con tu entorno, ¡pues tú eres UNO con todo lo que hay!

Toma hoy las riendas de tu vida y recuerda que nadie puede decidir ser feliz por ti.

Expresa hoy todo el potencial que te brinda el momento presente.

¡Decídete a ser feliz! El momento del cambio ocurre en el ahora.

Cree que la pequeñez puede contenerte
y al limitarte a ti mismo no estarás satisfecho.
Porque tu función no es pequeñez,
y sólo encontrando tu función y llenándola
es que puedes escapar de la pequeñez.

– Un Curso de Milagros –

Semana · 6 ·
Vive tu autenticidad

Tu maravilloso Ser Interior es auténtico y real.

No hay nada ficticio o superficial en él.

Para que este Ser se exprese plenamente en tu vida, es necesario que seas honesto contigo mismo y que reconozcas lo que ves como limitaciones en ti, para luego poderlas transcender.

La autenticidad comienza con un acto de humildad ante uno mismo y con un sincero pedido de ayuda a tu Guía o Maestro Interior, quien conoce tu verdadera esencia, tu perfecto propósito en cada momento y tu rol trascendental en este mundo. Si acudes en su búsqueda, hallarás respuestas que nadie afuera de ti puede darte.

Al permitir que tu Ser Interior revele los más profundos deseos de tu corazón y que te dirija hacia la realización de los mismos, el cuestionamiento de tu autenticidad queda resuelto. Cuando te permites ser tú mismo, tu vida cobra verdadero sentido, tu mente se ilumina cada vez más, y la alegría y la dicha se vuelven parte de ti.

Las dudas en tu mente sólo pueden provenir de la mente limitada, o mente ego, quien niega tu autenticidad, tu esencia y tu grandioso poder. Este falso maestro, te critica, juzga y complica tu panorama, intentando impedir que tu Yo Verdadero o la mente sin límites se exprese libremente en ti. El sistema de pensamiento ego trata de obstaculizar la resolución de las cosas y te lleva a creer que lo perfecto y armonioso no puede fluir fácilmente en tu vida.

Pero más allá de la mente ego, o falso yo, reside tu verdadera identidad. Habita en ti como tu Maestro Personal y siempre que pides su ayuda, viene a mostrarte tu sabiduría y fortaleza interior. Tu amoroso Maestro Interno siempre está en comunicación universal con la Fuente Creadora Dios, y sabe con certeza que toda grandiosa idea que tu mente conciba y acepte, puede manifestarse en tu vida con poderosa autenticidad.

La verdad dentro de ti espera a ser escuchada; pero esta sabia elección solo tú la puedes tomar. Depende siempre de ti decidir a qué maestro quieres oír. Al ego —el maestro del miedo—, o a tu Guía Interior —el Maestro del Amor.

La alternativa del Maestro Interior es siempre perfecta, única y original. Te muestra tu real significado, revelando y clarificándote las ideas que la mente humana cuestionaba y de las que dudaba. Al trascender tus dudas, la ansiedad y presión de tu mente se desvanecen, y así tu Ser puede guiarte de manera excepcional hacia la mayor realización de tu vida.

Permítete ser auténtico dándole entrada al Maestro del Amor que vive en ti. Haz una pausa en el camino y descubre lo que tu Guía Interna te quiere indicar.

¡Escucha a tu luminoso Ser y descubre las maravillas que habitan en ti!

El momento de elegir una vida de paz, autenticidad y felicidad siempre está en tus manos.

Más sólo lo que está oculto puede aterrorizar,
no por lo que es intrínsecamente, sino por el hecho de estar oculto.
Lo tenebroso es aterrador porque no comprendes su significado.
Si lo comprendieses estaría claro para ti,
y ya no estarías en la oscuridad.

– Un Curso de Milagros –

Semana · 7 ·
Busca dentro de ti

Cuando permites a tu Ser verdadero revelarte el camino, te abres a lo mayor y más grandioso para tu experiencia de vida. Así, las posibilidades de paz, armonía y abundancia que siempre se han encontrado dentro de ti empiezan a tornarse en una viva realidad.

Dentro de ti reside un amoroso Maestro Interior. Si acudes a su guía antes de buscar tus respuestas en los otros, recibirás las revelaciones, las instrucciones y la certeza que necesitas. Al aceptar su orientación, activas los medios necesarios para que el plan de tu interior llegue a su realización.

Cuando dejas fluir a tu verdadero Ser, los instrumentos, mensajeros, eventos y circunstancias aparecen ordenadamente en forma espontánea y sorprendente gracias al poder renovador de tu conexión interior.

Abrir tu comunicación interna te libera de los miedos y te ayuda a ver con más claridad tus potenciales. Cuando te conviertes en un instrumento receptor de extraordinarias alternativas, los problemas dejan de ser para ti tragedias y los percibes como opciones reales de crecimiento personal que fortalecen tu voluntad.

Ver las situaciones de esta nueva manera te devuelve la fe en ti mismo y libera a tu mente de la necesidad de depender de la opinión o aprobación ajena para encontrar la felicidad.

Cuando pones tu felicidad en manos de lo que los demás hacen o dejan de hacer, estás buscando tu felicidad afuera y entregándoles tu poder. Si los seres que te rodean, como tu pareja, amigos, familia, jefe, no responden con los parámetros que esperas, entonces te sientes decaído, te entristeces, te enfureces, o entras en actitudes controladoras. Has dejado entonces que tu felicidad no dependa de ti, sino de los demás.

Operar bajo esta forma te trae frustración, pues tus expectativas de satisfacción se han proyectado en el mundo cambiante que te rodea. Olvidarte de tu poder interno es olvidarte de ti mismo. Buscar las soluciones a tus conflictos afuera en lugar de hacerlo adentro, es crear falsos ídolos de felicidad y cerrarte a las soluciones reales.

Retornar al silencio de tu Ser Interior te permite descubrir que toda solución ya reside adentro tuyo. Centrado en tu sabiduría interna, comprendes que buscar afuera te debilita y que buscar adentro te fortalece, te reconforta y te vuelve flexible para permitir que lo que ha de suceder, ocurra con fluidez y sin tu resistencia.

Al dejar de ignorar la relación contigo mismo y, en cambio, invertir más y más en ella, te reencuentras con tu Guía Interna y con Dios. Al unificarte contigo, las razones para quejarte disminuyen y las razones para estar agradecido aumentan. Comienzas a aceparte y a amarte de verdad, a ver tu vida como una real bendición.

Escuchar la alternativa del amoroso Maestro Interior te lleva a la auténtica ruta.

Comprendes que cada una de tus lecciones y retos personales te están llevando hacia la sabiduría anhelada y hacia la realización de tu Ser.

En ti se encuentran el camino y la respuesta. Solo tú los puedes hallar.

¡Es momento de buscar adentro! ¡Aquí en el ahora

Dios no percibe en absoluto.
Él es, no obstante, quien provee los medios para que la percepción
se vuelva lo suficientemente hermosa y verdadera
como para que la luz del Cielo pueda resplandecer sobre ella.

– Un Curso de Milagros –

Semana • 8 •
Observa con tu visión interior

Cuando recuerdas que tienes la capacidad de elegir cómo interpretar las situaciones que te acontecen, activas tu fuerza interna y evitas el camino del drama y las quejas. Retomar tu poder de elección te permite escuchar la Guía de Sabiduría y Amor que habita en ti y te impulsa a abrirte al grandioso mundo de posibilidades que tanto mereces.

Cada vez que dejas de resistirte a tus vivencias y las aceptas tal como son, disuelves la mentalidad pesimista. La negación o el temor ya no toman el dominio de tu vida ni ensombrecen tu camino. Cuando te abres a tu Maestro Interior, aprendes cada vez más a entrar en el presente y a enfocar tu mente en el amor, la alegría y la abundancia de tu vida. Entre más te envuelves en estos pensamientos, más armonía experimentas en tu vida, pues todo lo que piensas atrae situaciones coherentes a tu pensar.

Si en algún momento te encuentras opacado por pensamientos de juicios destructivos, toma un momento y detente. Recuerda que en ti está la opción de elegir otra manera de ver las cosas. Ejércela y elige de nuevo. Pide a tu Guía Interior que abra tu visón para ver las cosas sin conflicto.

En ti reside la fuerza que te lleva más allá de los temores y pensamientos limitantes. Cuando dejas de buscar la solución en lo externo y a cambio te centras en tu interior, surgen las respuestas, el ingenio, la guía y la fuerza adecuada para dar tu siguiente paso.

Al no resistirte o pelear con los acontecimientos, permites que tu nueva forma de ver ocurra y que se te revele el propósito de las cosas. Soltar el afán o el pensamiento de que se te acaba el tiempo, te ayuda a fluir a tu propio ritmo y a comprender que las situaciones siempre se desenvuelven en su momento adecuado.

Cuando te dejas dominar por estímulos externos y no por los dictados de tu interior, te conviertes en el reflejo de los demás y pierdes tu autenticidad. Sólo soltando los temores de tu mente, reconoces que tienes la capacidad de ver más allá de las apariencias y que el círculo vicioso en el que se repetían los dramas pasados se puede cambiar si resuelves el conflicto de raíz y no superficialmente, yendo a la causa y no al efecto.

Dedicar tiempo a desarrollar tu visión interna te adentra en dimensiones de conciencia desde donde recuerdas que ese mundo de posibilidades ilimitadas se encuentra en ti. Ese fabuloso reino te pertenece. Sin embargo, para manifestarlo debes elegirlo y reclamarlo conscientemente.

La determinación y el valor para reclamar tus nuevos potenciales surgen al darte la oportunidad de escuchar en forma consistente a tu Maestro de Sabiduría Interna.

Tu Guía Interior siempre te recuerda que tú eres más que tu personalidad, más que tus años o tus pertenencias, más que tu identidad formada por experiencias pasadas. Te enseña a trascender lo que fuiste en el pasado y a elegir de nuevo tu propio destino.

Tu mente es poderosa. Deja que tu Espíritu de Amor la guíe para que tu percepción de limitación sea transformada y tú puedas experimentar el grandioso poder del amor en todos tus asuntos. Tu nueva visión te permitirá descubrir la dicha donde jamás pensaste que estuviera.

Solo tú puedes cambiar tu vida. Cierra los ojos del temor y vuelve a ver con los ojos del amor. Esa gran visión siempre se encuentra en tu interior.

¡Hoy puedes elegir ver una nueva realidad!

El momento del cambio ocurre en el ahora.

*La confianza es parte esencial del acto de dar;
de hecho es la parte que hace posible el compartir;
la parte que garantiza que el dador no ha de perder
sino que únicamente ganará.*

– Un Curso de Milagros –

Semana · 9 ·
Da de corazón

Todo lo que ofreces al mundo, retorna hacia ti de una u otra manera, según la intención con la que tú lo has enviado. Dar y recibir desde el amor en tu corazón activa el fluido de la alegría, la abundancia, y la paz en tu vivir.

Recibir es tan sagrado como dar. Los dos actos representan formas de expresarte en la vida. Cuando permaneces centrado sólo en el dar y te cierras al recibir, o viceversa, estas resistiéndote al crecimiento y al balance personal.

La conciencia desde donde das o recibes puede marcarle la pauta a tu felicidad. Al conectarte con tu Guía Interno, activas la abundancia interna y te llenas de gratitud. Cuando das desde una conciencia de abundancia, lo que sale de ti será envuelto en esta energía y se convertirá en un agente multiplicador. La alegría que te produce dar te impulsa a dar más. No sientes que pierdes sino que ganas al hacerlo.

Cuando recibes desde un espacio de temor tienes la sensación de no merecer, pues la desconfianza y las culpas se activan, impidiendo que veas la bendición que se oculta en el acto de recibir. Del mismo modo, las ofrendas hechas desde el miedo te dejan desprovisto y te mantienen en la mentalidad de escasez, de expectativas y de control.

Dar y recibir son un recordatorio de que formas parte de la dinámica natural de la vida. Al inhalar recibes, te nutres, te alimentas. Al exhalar dejas ir, sueltas, das. Así vas avanzando y evolucionando, abriéndote a recibir con amplitud y a dar con desapego y sin retener.

Si sientes que no recibes suficiente, ya se trate de amor, dinero, comprensión, amistad o gratitud, tal vez te resulte de utilidad revisar tu capacidad de dar relacionada con el aspecto en el que sientes que no recibes suficiente, así como el estado de conciencia a partir del que lo haces.

Si al ofrecer un consejo pretendes que la persona haga sólo lo que tú deseas, tu dar será condicionado por la esperanza que la otra persona haga lo que tú quieres. Si das apegado a un resultado en particular, no has entregado verdaderamente.

Al dar con verdadero deseo de compartir, sin condición, experimentarás un sentido de alegría y abundancia envolventes. Sueltas el resultado, porque tu intención es entregar y no controlar. Si das en un estado de temor, la frustración será la emoción predominante, el miedo se anidará en ti y creerás que los demás te dan a ti del mismo modo.

Dar y recibir en forma desapegada y amorosa se puede aprender. En ti vive un Maestro Interior que te ayuda siempre que tú lo invitas.

Al desear este cambio y reconectar con tu Guía Interna, abres la puerta a una dimensión de maravillas desde donde se te muestra y enseña el modo de expresar la generosidad contigo mismo y con los demás, tanto al dar como al recibir.

De la misma forma en que una mente temerosa ha sido programada para dominar, controlar y contraerse, una mente puede ser entrenada de forma amorosa para abrirse, fluir y manifestar grandiosas vivencias.

Tal como das recibes.

¡Decide hoy dar y recibir desde el corazón!

Es tu decisión despertar a la conciencia de amor y abundancia que vive en ti.

Los Milagros te honran
porque eres digno de ser amado.
Desvanecen las ilusiones que albergas acerca de ti mismo
y perciben la luz en ti.

– Un Curso de Milagros –

Semana · 10 ·
Permítete disfrutar

Aceptarte tal y como eres es el primer paso que te permite disfrutar la vida y ser feliz. Al reconocer que mereces liberarte de las ataduras mentales y de los lastres emocionales que te aprisionan, empieza tu renacer a una vida de claridad, paz y felicidad.

Cuando te armas de valor y acudes a tu Guía Interior, el amor propio se aviva y, con su ayuda, empiezas a recuperar tu poder interno y a dejar atrás la mentalidad temerosa que te mantiene viviendo según los designios de los demás.

Al liberar los paradigmas pasados de tu mente, logras centrarte en el presente y desde allí comenzar a vivir según los verdaderos anhelos de tu corazón.

Darte permiso de experimentar lo que desea tu interior, te reconecta con la Fuente de Vida que reside en ti y la dicha surge. Cuando esto ocurre, disfrutar cada instante de tu día se vuelve natural.

A pesar de tus conflictos, tú mereces disfrutar de la vida hoy y perdonarte por todo aquello que consideras haber hecho mal o en forma incorrecta. Al dejar ir el juez del ego y soltar los pensamientos que te señalan como no merecedor, te desbloqueas y te abres a experimentar momentos de espontaneidad, gozo y amor.

Enfocarte en pensamientos destructivos de crítica, temor y culpa, te saca del momento presente y te impide alegrarte por lo que acontece. Te cierras la posibilidad de ver las situaciones desde una óptica elevada y, a cambio, quedas atrapado en una mentalidad conflictiva.

Mereces vivir con tranquilidad y dejar de preocuparte por lo que los demás esperan de ti. Mereces reconectarte con tu Guía Interior y aceptar lo que verdaderamente deseas de ti y para ti. Mereces tomar una nueva elección que te eleve por encima de los obstáculos pasados y que te permita descubrir la belleza de tu interior.

Cuando aceptas los deseos de tu corazón, te liberas de requerimientos externos y reconoces que alcanzar metas impuestas no te lleva a la felicidad sino al resentimiento.

Hoy escúchate y se honesto contigo

¡Hoy bríndate el permiso de ser tú mismo!

Hoy elige de nuevo invitar a tu Guía Interior para que te enseñe la manera de ser libre y feliz.

Hoy recuerda que eres un maravilloso y poderoso Ser, que mereces avanzar hacia una grandiosa vida donde la alegría, el gozo, la felicidad y la libertad son tu realidad.

¡Tú mereces disfrutar de la vida!

Vuelve a creer en ti. Aquí y ahora.

La oración es el vehículo de los milagros.
Es el medio de comunicación entre lo creado y el Creador.
Por medio de la oración se recibe amor,
y por medio de los milagros se expresa amor.

– Un Curso de Milagros –

Semana · 11 ·
Reflexiona

Reflexionar es detenerte por un momento y hacerte consciente de ti mismo, sentir tu respiración y abrirte a la contemplación propia o de alguna situación que te gusta o disgusta sin controlarla; simplemente observándola.

Cuando reflexionas de corazón te abres a tu Guía Interior y puedes observar tus experiencias desde otra perspectiva. Te elevas en consciencia y desde lo alto divisas nuevas posibilidades que antes eran imperceptibles.

Si caes en el trajín cotidiano, postergas el encuentro interior, te distraes y siempre encuentras algo más importante para hacer que relacionarte contigo mismo. Esta forma de vida te impide escuchar tu Guía Interior. En vez de reflexionar, controlas o analizas todo solamente en un nivel intelectual que no te brinda la paz ni la claridad que la reflexión sí te puede dar.

Al mantenerte de este modo, quedas atrapado en las urgencias que te señala la ansiedad de tu mente temerosa del ego, preocupándote constantemente con cosas que hay que resolver para poder sentirte bien. Sin embargo, la solución real y el estado de tranquilidad nunca terminan de llegar, pues estás buscando tu armonía, tranquilidad y felicidad en la superficie y no en el fondo.

Entrar en reflexión implica un acto de amor propio. Reflexionar te conecta con tu esencia verdadera, haciendo que el conocimiento aflore en ti. Cuando aprendes realmente a escucharte a ti mismo, puedes escuchar mejor a los demás y entender más fácilmente tu relación con el entorno así como el propósito de los eventos que te suceden.

Al trascender por un momento el ruido de tu mente y despejarla de preocupaciones, reconoces que las actividades diarias no tienen por qué ser experiencias de sufrimiento.

Reflexionar no es una práctica misteriosa; es un acto de comunicación contigo mismo. Puedes comenzar simplemente haciéndote más consciente de tu respiración. Respirando pausadamente vas poco a poco tranquilizando a tu mente y soltando la ansiedad.

Como reflexionar es un encuentro contigo mismo, no es necesario que estés en un recinto en particular, o que tengas una práctica especial.

Sin embargo, encontrar un momento y lugar tranquilo te puede ayudar a despejarte y a reconectarte con más facilidad. El no tener distracciones te ayudará inicialmente. Con la práctica luego podrás entrar en estados de comunicación y reflexión contigo mismo cuando lo requieras, sin importar el lugar en el que te encuentres. Para comenzar, los lugares tranquilos en contacto con la naturaleza te podrían beneficiar de gran manera.

La reflexión abre el canal de comunicación con la amorosa y sabia Guía que reside en ti. Tu Maestro Interior siempre espera pacientemente a ser escuchado para reflejarte su luz en los asuntos que necesitas iluminar, mostrándote el verdadero propósito de cada situación y ayudándote a recobrar la paz y la felicidad en todo momento.

Reflexionar te da la oportunidad de recordar que mereces disfrutar de la vida a cada momento, centrándote de nuevo en el aquí y el ahora.

Hoy toma un instante para contemplarte, para sentir tu respiración y fluir.

Hoy recuerda que dentro de ti existen espléndidas posibilidades.

Hoy reflexiona y abre la puerta de regreso a tu grandiosa Fuente Interior.

¡El momento del cambio ocurre siempre aquí y ahora!

Sólo tú lo puedes elegir.

*Tú percibes al mundo y a todo lo que éste contiene como
significativo desde el punto de vista de los objetivos del ego.
Estos objetivos no tienen nada que ver con lo que más te
conviene, ya que tú no eres el ego. Esta falsa identificación
no te permite entender cuál es el propósito de nada.*

- Un Curso de Milagros -

Semana · 12 ·
Ábrete a un plan mayor

Al confiar en el proceso de la vida, sueltas los condicionamientos del pasado y despiertas a una nueva consciencia, que convierte cada reto en una oportunidad. Comprendes que lo que parecen aciertos o desaciertos, en realidad no son situaciones buenas ni malas, sino piezas claves en tu vida con un propósito perfecto; ocurriendo todas y cada una de ellas en sincronía y para beneficio de tu evolución.

Tu Guía Interior es quien ve el panorama completo, pues posee la visión extendida de tu interior. Entre más la invitas, más logras ampliar tu corta y limitada visión humana, uniéndote a su capacidad de ver desde el amor y el propósito en lugar de hacerlo desde los temores. De esta forma, vas comprendido que todo sucede por algún motivo.

Cuando te permites tener fe en tu vida y te abres a un plan mayor del que tenías en mente, te quitas a ti mismo del medio, dejando a un lado tus propias conclusiones destructivas acerca de los acontecimientos. El crear un vacío es fundamental, pues te permite acceder a tu sabiduría innata, ver más allá de lo obvio y reconocer el verdadero propósito de por qué ocurren las cosas.

Al apartar tus dudas, recobras la confianza y recuerdas

que después de la tormenta siempre viene la calma.

En medio del temor, sólo se ve el conflicto. Una mente angustiada busca controlar, dominar y tener la razón, a sabiendas de que esta actitud no mejora las cosas. Aquietar la mente y reconectarte con tu Guía Interior te facilita el camino a la felicidad, pues tu Maestro Interno sabe exactamente cómo ayudarte a deshacer los pensamientos de duda e inseguridad que te impiden estar en paz.

A través del drama emocional, el propósito de las cosas se nubla. Las oportunidades que presenta la vida se interpretan como injusticias, como cosas malas que te ocurren a ti o a las víctimas de tu día a día. Antes de que llegue el final de la película, sacas conclusiones pesimistas en donde tus propias culpas, condenas y resentimientos te señalan un final fatal.

Cuando dejas de pelearte con tus situaciones, permites que la luz entre a tu vida; extiendes tu visión más allá del corto plazo y de las limitaciones de tus sentidos, dejando que las cosas se desenvuelvan por sí mismas. Al soltar la resistencia y el temor, ahora permites a tu Fuerza Interior ayudarte a resolver las situaciones que parecían insuperables.

Abrirte a un plan mayor te lleva a un maravilloso panorama que, sin tú saber, ya esta dispuesto para ti. Comienzas a disfrutas de la vida y la ves como un juego divertido en donde cada ficha es indispensable, incluso aquellas que antes rechazabas pensando que no pertenecían al mismo juego.

Salir del rol de víctima te libera de las razones por las cuales no puedes ser feliz aquí y ahora. Retomas tu poder y dejas de querer tener la razón, dejando ir las conclusiones sobre lo que pensabas que era «malo y bueno», lo que «debió de ser así y no así», las ideas de «yo estoy correcto y el otro no.»

El soltar los pensamientos que bloquean tu felicidad te permite ser libre y disfrutar.

La visión de tu Guía Interior te muestra tu vida desde una amplia perspectiva espiritual y te enseña que es posible unificar todo lo que percibes a través del amor y la paz interior.

Elegir esta visión te brinda claridad de propósito, te permite reconectarte con el presente y finalmente poder ser feliz en el ahora.

Recuerda, todo sucede por algo. Es momento de abrirte a un plan mayor.

¡Hoy elige experimentar un nuevo modo de ver la vida!

El cambio de mentalidad es siempre tu elección.

La voz del Espíritu Santo no da órdenes porque es incapaz
de ser arrogante. No exige nada porque su deseo no es
controlar. No vence porque no ataca.
Su voz es simplemente un recordatorio.

– Un Curso de Milagros –

Semana · 13 ·
Sigue tu intuición

Escuchar a tu intuición es compenetrarte contigo y dejarte guiar por el aspecto de ti mismo que tiene acceso al mundo espiritual: tu Maestro Interior. Cuando dejas descansar por unos momentos a tu mente de los conceptos preestablecidos acerca de ti y de los demás, abres el campo para poder escuchar a tu Voz Interior, que siempre está dispuesta a mostrarte una alternativa de paz.

Cuando te aceptas tal y como eres, entras en el presente, pues tu mente deja de estar en conflicto. De este modo, destapas el canal de comunicación que te conecta con tu Guía Interior. Al comprender que dentro de ti están las respuestas, comienzas a reforzar la relación contigo mismo y a escuchar más atentamente lo que tus pensamientos y tus emociones te quieren mostrar.

Al dejar de sacar conclusiones prematuras sobre el porqué de lo que te sucede, permites que tu Maestro Interior te muestre las bendiciones que los retos o dificultades ocultaban. Así te conviertes en el observador de tu vida en vez de ser su juez. Comienzas a desarrollar tu intuición y a usarla como el radar que te muestra sabiamente el propósito de los sucesos.

Mantener tu mente abierta es la condición necesaria

para entrar en la ruta que te lleva a experiencias de armonía, prosperidad y paz.

Perdonarte o liberarte de condicionamientos pasados de forma continua, mantiene a tu mente y corazón receptivos para ver y recibir nuevas posibilidades de crecimiento y realización personal. Cuando estás en paz contigo mismo, el temor a los juicios desaparece y tú te dispones a extender el amor que emana de tu propio ser.

El amor hacia ti mismo alimenta tu intuición y te permite ser un reflejo de luz y paz para aquellos que te rodean y deseas ayudar.

El escuchar a tu intuición supone dejar de escuchar a la voz de tu ego o mente conflictiva que te señala las alternativas de limitación y que te indica que no eres capaz de alcanzar el objetivo de una vida armoniosa y feliz. Al no entretenerte con estos pensamientos de temor, permites a tu mente trabajar proactivamente y atraer las condiciones requeridas para manifestar los ideales internos.

Escuchar tu intuición activa tu fe en los milagros, y te permite aceptar que en ti mismo reside una fuerza interior que opera en tu vida de modos desconocidos y maravillosos. Al mantener la comunicación con tu Guía Interior, reconoces que no siempre lo obvio es la respuesta verdadera, y comprendes que más allá de las apariencias se encuentra un propósito por el cual tú atraviesas cada experiencia.

Seguir tu intuición te llevará a reencontrarte contigo mismo y a descubrir que la felicidad, la paz y la abundancia ya se encuentran en ti.

Tu Voz Interior siempre te habla. Es tu elección detenerte y escucharla o no hacerlo.

¡Hoy toma la decisión de seguir tu intuición!

El momento del cambio ocurre en el presente.

El perdón es la mayor necesidad de este mundo,
y esto se debe a que es un mundo de ilusiones.
Aquellos que perdonan se liberan a sí mismos de las ilusiones,
mientras que los que se niegan a hacerlo se atan a ellas.
De la misma manera en que sólo te condenas a ti mismo,
de igual modo, sólo te perdonas a ti mismo.

- Un Curso de Milagros -

Semana · 14 ·
Perdónate

Perdonarte es un acto de amor, nacido de tu Ser Interior, que te purifica, liberando a tu mente de los pensamientos de sufrimiento, conflicto y remordimiento.

Cuando decides perdonarte y perdonar a los demás, te beneficias a ti mismo en varios niveles, pues al sanar tu mente, tus emociones y tu cuerpo físico también comienzan a restablecerse.

Con tu deseo verdadero de perdonar, se inicia el proceso del perdón. Querer sanar las heridas de tu alma y corazón es el punto de partida que restaura el contacto con tu Guía Interior. Es a través de esa sabiduría que vive en ti que puedes llevar a cabo el tan grandioso propósito de perdonar.

Tu Guía Interna sabe cuáles son los medios perfectos para tu sanación. Ella te conoce, puesto que reside en ti y por ello va contigo donde quiera que tú vayas. La Guía Interior representa tu consciencia superior, ella sabe cómo ayudarte de un modo único y milagroso porque permanece siempre en unidad con el Creador, que representa tanto al Padre como a la Madre. En Dios reside toda solución y tu Guía de Amor te lleva directo a esta Fuente.

Aunque a veces te sientas solo y abatido, y no seas consciente de este Maestro Interior, él siempre está disponible para ti y desea enseñarte la manera de soltar tus cargas pesadas del pasado. Sin embargo, tú también siempre eres libre de pedir su ayuda o de no hacerlo, de querer perdonar o de no quererlo. Eres tú quien debe elegir, quien debe tomar la decisión de soltar el pasado y perdonar.

Cuando crees que perdonar sólo sirve para hacerle un favor a otro, no has comprendido que el perdón los beneficia y los libera tanto a ti como a tu entorno. Si temes perdonar es porque ves el perdón como un acto de debilidad externo y no como un acto que te fortalece internamente, como en realidad es.

Perdonar no siempre implica mantener en la actualidad una relación que fue conflictiva en el pasado y que ya cumplió su propósito; pero perdonar siempre implica que liberes las condenas o conclusiones destructivas que sacaste sobre esta situación, sobre ti mismo o sobre el otro. Si en tu mente residen ideas que te dicen que alguna persona o tú son culpables y merecen sufrir por lo que ocurrió tiempo atrás, mantendrás a tu mente atrapada en el pasado y a ti mismo en un estado de dolor.

El perdón verdadero es un acto de amor por ti mismo y no requiere que sostengas relaciones que no te permiten evolucionar. Cada uno sigue su curso según la conciencia en la que se encuentra y dependiendo de las enseñanzas y experiencias que su Ser le tenga preparado. No es tu función evolucionar por los otros, cambiarlos, controlarlos, ni tampoco sacrificar tu paz y felicidad para que otro sea feliz.

Si tú no eres feliz y no estás en paz, no podrás ayudar verdaderamente a la felicidad de nadie. Lo que das desde un estado mental de necesidad u obligación resultará algo forzado, no amoroso. Lo que no proviene del amor no es real y siempre termina desvaneciéndose.

El verdadero perdón siempre te invita a que liberes todos los patrones de pensamiento que representen ataduras para ti, puesto que sostenerlos te impide ser feliz. Cuando el perdón no ha ocurrido es porque existe resistencia a sanar, sea en forma consciente o inconsciente. Hay miedo a dejar ir.

El acto de perdonar puede llegar a ti cuando ya no deseas pelearte más con el pasado, cuando ya no te quieres ver a ti mismo como una víctima de la vida y tus circunstancias, cuando ya no quieres controlar más a los demás ni te empeñas en cambiarlos para estar mejor tú. Estas listo para perdonar cuando quieres tomar el aprendizaje de lo ocurrido para avanzar y fluir, cuando quieres ayudarte a ti mismo y a los demás para el bienestar, sin expectativas, de un modo incondicional.

El perdón se activa con tu elección, es gracias a ella que tu Guía Interior tiene la entrada para sincronizarte con las personas, situaciones e informaciones necesarias que asistirán tu proceso de curación relacionado con el pasado.

Siempre hay un modo adecuado para ti. Sólo debes dejarte ayudar y guiar.

¡Hoy elige abrirte a tu mundo interior donde existe un fluir milagroso y donde lo nuevo y diferente puede ocurrir!

El perdón es tu mejor regalo. El aquí es el lugar y el ahora es el momento de elegir.

Tú mereces experimentar el poder del perdón.

La ayuda más valiosa ya se encuentra dentro de ti.

Los milagros ocurren espontáneamente como
expresiones del amor.
El milagro real es el amor que los inspira.
En ese sentido todo lo que viene del amor es un milagro.

- Un Curso de Milagros -

Semana · 15 ·
Vive el ahora

Vivir en el presente te permite descubrir la fuente ilimitada de posibilidades que habita dentro de ti; es abrir la ventana del cambio hacia una consciencia receptiva y despierta que está lista para aceptar maravillosas posibilidades en el aquí y el ahora.

Cuando tomas la responsabilidad de tu vida y te adentras en el presente, activas la comunicación con tu Guía Interior y con el estado mental que te capacita a soltar las preocupaciones del pasado y las ansiedades del futuro. De esta forma, reconoces que la solución a cualquier circunstancia en tu vida sólo llega cuando estás centrado en el presente.

Vivir en el ahora te lleva a tomar acciones internas y externas ante lo que se presenta en el momento; a decidir dar lo mejor de ti en cada instante sin importar tus elecciones pasadas ni tampoco lo que pueda ocurrir en el futuro.

Al vivir en el presente, sueltas la necesidad de actuar para recibir reconocimiento o gratificación, actúas sin miedo, siguiendo verdaderamente a tu corazón, en conexión con tu Maestro de Paz. En el presente dejas de limitarte y das por el gozo de dar, vives contigo de modo incondicional y te realizas en el simple hecho de permitirte ser tú mismo.

Cuando vives en el ahora, comienzas a disfrutar el recorrido de la vida y te percatas de posibilidades que nunca habías contemplado. Al estar presente, comprendes que ninguna situación puede solucionarse desde la angustia o la preocupación.

Vivir en el presente es estar despierto.

Vivir en el pasado es estar dormido, es generar un estado mental de ilusión donde arrastras lo que ya ocurrió hacia el ahora y, por lo tanto, lo empañas, impidiendo ver la realidad del presente. Cuando nublas tu visión, proyectas tu pasado temeroso hacia el futuro y generas preocupaciones y te enfocas en resoluciones conflictivas.

Cuando vives en el ahora, no te preocupas, sino que confías y te ocupas. Al confiar en la vida, vas tomando cada vez más responsabilidad por todos tus asuntos y vas encontrando soluciones armoniosas.

Elegir vivir el ahora requiere un acto de perdón, pues necesitas estar despejado para entrar en el presente, y cada vez que decides soltar todo aquello que no te da paz y que te retiene en el pasado, estás perdonando.

Practicar el perdón es abrirte camino en el presente. Cada drama pasado que dejas ir, es un paso hacia el ahora.

Al dejar ir resentimientos, temores y culpas, te conectas con tu Ser Interior, tu mente se abre y se dispone a experimentar sentimientos y pensamientos renovados, felices y amorosos.

Acceder al presente es encontrarte con la verdad de tu Ser y recordar que siempre y a cada instante puedes elegir vivir un nuevo momento libre de los límites pasados.

¡Hoy decide vivir en el aquí y el ahora!

Sólo en el presente tienes el poder de manifestar una grandiosa realidad.

Vivir en el presente es siempre tu elección.

La única carencia que realmente necesitas corregir
Es tu sensación de estar separado de Dios.
Esa sensación de separación jamás habría surgido
si no hubieses distorsionado tu percepción de la verdad,
percibiéndote así a ti mismo como alguien necesitado.

– Un Curso de Milagros –

Semana · 16 ·
Ayúdate a ti primero

Ayudarte a ti mismo es un acto de humildad donde reconoces que, para que cualquier cambio real se manifieste en tu vida, debes empezar primero contigo.

Antes de pretender ayudar a los demás requieres conocerte, identificar tu grandioso potencial y, a la vez, aceptar tus propios temores para así poder transcenderlos. Libre de tus límites, te fortaleces, y con claridad puedes brindar amor verdadero a los otros.

Cuando te enfocas en «ayudar» a los demás, sin haber hecho tu cambio personal, ofreces una ayuda basada en la necesidad y en las expectativas. Esa ayuda no podría llamársele verdaderamente «ayuda», sino una necesidad inconsciente de controlar y cambiar a los otros, usándolos para estar mejor tú.

Ayudarte a ti primero no es un acto de egoísmo sino de sabiduría. Si tú estás centrado, claro y libre de apegos, estarás feliz y podrás honestamente ayudar desde tu verdadero Ser.

Empezar contigo primero abre la puerta a tu Guía Interior, quien siempre espera a ser escuchada para dar su amorosa dirección. Cuando vas de su mano todo se facilita, los caminos se abren y recuerdas que en tu esencia verdadera eres un Ser Luminoso de puro amor que merece una vida de abundancia, armonía y plenitud.

Tu Maestro Interior te envuelve en tu verdadera identidad como el Maestro del Amor que es, y te llena de la fuerza y el valor necesarios para consumir la voz de tu falsa identidad llamada ego o mentalidad del temor. Esa voz se presenta en tu mente como pensamientos de duda, juicios y condenas que pretenden convencerte de que no es posible estar en paz ni vivir en un estado de felicidad.

Tú no eres tu colección de experiencias pasadas a las que llamas «fracasos», pero la falsa identidad intenta convencerte de que así es. Se alimenta del drama y de las historias personales que te causaron dolor y siempre procura mantenerte con la atención fija en el conflicto, pues de esta forma debilita tu seguridad personal y tu energía vital, consumiendo tu potencial para crear y manifestar verdaderos cambios.

Estar alerta y elegir la guía que quieres seguir depende de ti, pues las dos alternativas residen dentro tuyo. Una es real, tu Guía Interior, quien te lleva a buscar dentro de ti el camino de la libertad y la realización. La otra guía es falsa, te lleva a buscar afuera por un laberinto de limitación sin salida donde proyectas tu aprisionamiento en los otros o en tus asuntos.

Amarte a ti primero es un acto de amor por todos. Al reconocer el amor en ti, puedes realmente extenderlo a los demás. Cuando no te aceptas de corazón, buscas inconscientemente el amor y el reconocimiento en lo externo, esperando que ello sea la fuente de tu felicidad y seguridad personal.

Encontrarte a ti mismo te deja ver que tú sí puedes contar contigo, que tu realidad es la de un Ser poderoso y que la fortaleza que buscabas afuera siempre estuvo dentro de ti.

Dejar ir la falsa imagen o la identificación constante con el pasado limitante y con el drama te permitirá ganar todo un mundo de posibilidades, así como la paz y la alegría de ser quien realmente eres.

Cuando sostienes una vida que no te llena, por miedo a que tu mundo se desmorone, te controla el temor. Vives en un estado de carencia interno, temiendo por ejemplo que las personas importantes en tu vida te dejen, que te quedes sin dinero, que no encuentres a la pareja perfecta o que hagas el ridículo y fracases si te dedicas a lo que te gusta.

Vivir de este modo no es vivir, y así continúas materializando una realidad falsa y vacía, pues no vibras con quien tú realmente eres. Así atraes amigos o parejas falsos, personas que no te aman por lo que eres sino por lo que aparentas o representas para ellos, un entorno que no te apoya sino que te encasilla.

Realmente te empobreces cada vez que reprimes tu mente y los deseos de tu corazón. Es tu elección salir de cualquier pequeña caja en la que te hayas encerrado. Eres un Ser luminoso y maravilloso, y sólo tú puedes liberarte de todas las imposiciones que te has echado encima.

Si te entregas a tu Maestro Interior, te abres a los medios por los cuales tu vieja imagen se transforma, pues entras en un fabuloso deshacer tu personaje anterior junto a un renacimiento de tu esencia verdadera.

¡Hoy ayúdate a ti primero!

Deja a tu fuego interno consumir los miedos, al viento llevarse las cenizas y a tu Fuerza Interior impulsarte de nuevo a la vida; para así resurgir renovado, como el Ave Fénix, quien deja morir su viejo yo para renacer transformado.

Tú puedes aprender a volar alto y a la vez pararte firme en la tierra.

Hoy sigue a tu corazón. Sigue a tu Guía Interior, revela tu luminoso Ser y permite a tu grandioso Poder Interno sostenerte y apoyarte incondicionalmente.

¡Tu verdadero destino es brillar!

Al final ser tú es más fácil de lo que imaginas.

Elígelo.

El aquí y el ahora es el momento de cambiar tu vida.

Los que están seguros del resultado final pueden
permitirse el lujo de esperar, y esperar sin ansiedad.
Para el maestro de Dios tener paciencia es algo natural.
Todo lo que ve son resultados seguros que ocurrirán en un
momento que tal vez aún le sea desconocido, pero que no
pone en duda.

– Un Curso de Milagros –

Semana · 17 ·
Ten Paciencia

La paciencia es el resultado de acudir al amor y a la confianza que reside en tu interior. Cuando logras soltar el apego a los resultados y las preocupaciones acerca de cuándo vas a llegar a tus metas o cuándo van a ocurrir tus deseos, comienzas a disfrutar del momento en el que te encuentras y permites que tu jornada se convierta en un proceso pacífico, armonioso, e incluso divertido.

Al aceptar que cada situación en tu vida está ocurriendo con un propósito especifico y perfecto, logras desprenderte de los pensamientos de ansiedad, liberándote de la necesidad de controlar a los sucesos y a las personas.

Centrarte en el presente te permite fluir y encontrar resoluciones maravillosas que antes no podías ver.

La paciencia surge espontáneamente al acudir cada vez más y más a tu Guía Interna y no a los dictados de tu entorno. El amor que reside en tu interior te revitaliza y te llena de comprensión. Entre más amor permitas que fluya en ti, mayor es la fortaleza que experimentas. Abrirte al amor te da la fuerza para atravesar momentos que parecían interminables o circunstancias vistas como insoportables.

La paciencia procede de la Fuente Creadora que reside en ti. Ésta es la Fuente de Amor Incondicional, que te enseña a saber esperar y a confiar en que tus experiencias siempre te darán la oportunidad de crecer y evolucionar, aunque a primera vista no lo parezcan. Esta Fuente todopoderosa te habla a través de tu Guía Interior, llenándote de sabiduría para hacer de la paciencia la ciencia de vivir en paz.

Eres tú quien elige abrir la comunicación con tu Ser Interior. Cuando lo haces, tu entendimiento de la vida se eleva y, con él, la certeza de que estás capacitado para trascender todo reto que se presente en tu experiencia humana. Aceptas que cada situación te está llevando al descubrimiento personal y, en última instancia, a la realización de tu verdadero y grandioso Ser.

Para experimentar la paciencia se requiere de la ayuda del amoroso Maestro o Guía que reside en ti. El desarrollo de la paciencia será una realidad en la medida en que permitas a este Guía mostrarte la alternativa de solución a toda situación.

Pídele a tu Guía Interna que te enseñe a desarrollar tu fortaleza y a seguir esta Sabiduría Interior. Cuando tienes la humildad para pedirle ayuda, permites que tu mente se abra y tu voluntad se fortalezca. Desde este estado mental renovado, logras atraer los medios requeridos para vencer los obstáculos que se van presentando.

Elegir ver las circunstancias con amor es la clave para lograr la paciencia.

El amor por ti mismo y por los demás aligera y desvanece cualquier carga.

El amor es el motor que te permite seguir adelante, persistir y demostrarte que tu realidad siempre puede ser más grandiosa de lo que jamás pensaste.

¡Hoy elige vivir en paz y tener paciencia!

El cambio siempre nace de la amorosa disposición en ti.

Así quiero liberar todas las cosas que veo,
concediéndoles la libertad que busco.
De esta manera, obedezco la ley del amor,
dando lo que quiero encontrar y hacer mío.
Ello se me dará porque lo he elegido
como el regalo que quiero dar.

– Un Curso de Milagros –

Semana · 18 ·
Escucha con la mente abierta

Cuando te detienes y verdaderamente escuchas, descubres que escuchar no tiene nada que ver con la función física de oír sino con la habilidad de estar presente. Si estás presente es que has establecido consciente o inconscientemente la conexión con tu Guía Interior y entonces podrás escuchar de corazón.

Saber escuchar, requiere primero llevar la atención a tu centro interno el cual vibra en el amor y la compasión. Si liberas los pensamientos de juicios, condenas y creencias pasadas, también se irá la necesidad de tener que defender o justificar tu punto de vista. Escuchar con la mente abierta te permitirá de nuevo confiar y fluir.

Por el contrario, cuando dejas que la mente se enfoque en opiniones que condenan lo que ocurre a tu alrededor, entras en lo que comúnmente se llama la mentalidad ego, una manera de pensar conflictiva, egoísta o temerosa. Si la mente está centrada en ideas limitantes se cierra, se defiende y reacciona automáticamente ante cualquier pensamiento nuevo que amenace su sistema de creencias, puesto que éste representa su zona segura, conocida o de comodidad.

Vivir desde esta perspectiva temerosa te hace imposible escuchar de verdad, cuando tienes miedo lo único que haces es interpretar todo lo que escuchas y lo que te ocurre bajo el velo y los parámetros de esas creencias limitantes. Esta actividad intelectual te bloquea y te previene de ver nuevas opciones, no puedes operar tranquilamente y al final te quedas con una versión falsa de la realidad.

Entrar en el fluir de la vida se hace más fácil, si mientras escuchas, tomas la decisión de disponer tu mente a la guía de tu Maestro Interior. Desde esta perspectiva, comprenderás la información que recibes y la interpretarás con una mentalidad amorosa y sabia. Tu respuesta ante las situaciones será por lo tanto, compasiva, asertiva y desapegada.

En cambio si cuando estás «escuchando» dejas que tu mente se enfoque en pensamientos de ira, temor o ansiedad, la respuesta lógica que darás será defensiva, controladora e incoherente. Al no comprender las cosas, las juzgas y resultas sintiéndote culpable o castigando a los otros bien sea con tus palabras o con tu silencio. Las decisiones que tomes en este estado te generarán más miedo e inseguridad.

Cierras tu mente porque tienes temor acerca de lo que puede ocurrir si la abres. Como temes ser herido si escuchas algo que no te guste, entonces intentas cambiar las cosas para que sean como tú deseas y no como realmente son. Crees que tu modo es el correcto o el mejor frente a otro que puedas encontrar. Al mantenerte fijo en tu punto de vista comienzas a tomar roles controladores y conflictivos. Esta actitud es un mecanismo de defensa, erróneamente crees que posicionándote en tus creencias temerosas ellas te mantendrán a salvo, pero en realidad esta postura sólo te limita, obstruye tu alegre fluir en la vida, así como la verdadera comunicación contigo y tu entorno.

Si quieres vivir libre y en armonía, en algún momento debes decidir acerca de ¿qué es lo que realmente quieres para ti?: Estar en paz o tener la razón. Si quieres vivir en paz debes recordar que la función de los demás no es satisfacerte, debes permitirles ser tal y como son, dejar de controlarlos, así como liberarlos de las expectativas y roles que les has asignado. Necesitas dejar de creer que vives en una batalla, en donde siempre tienes ganar, recibir aprobación, tener la razón o salirte con la tuya para sentirte a salvo o apreciado.

Al soltar tu apego acerca de que una relación tendría que ser como tú crees, dejas ir la necesidad de forzarte a ti o a los otros a encajar en un molde. Esta nueva actitud de verdadera comprensión y libertad deshace el conflicto anterior posibilitando tu bienestar así como el del otro. Como consecuencia la relación sana, y ésta bien se regenera y transforma o se deshace y libera. Al sanar puedes dejar ir lo que no es saludable para ti. Reconoces cuando no tiene sentido mantenerse más en una relación, porque cumplió su propósito o porque representa un círculo vicioso con el que ya no te identificas.

En cualquier caso en el que se presente la sanación te sentirás en paz porque estás actuando desde tu Maestro de sabiduría y habrás previamente liberado los apegos a la relación y las expectativas con respecto a ti mismo y al otro. Es entonces cuando puedes evolucionar hacia un estado de mayor realización interna y manifestarlo externamente en tu vida.

Hoy accede a tu verdadera esencia y pide a tu Guía Interior que te de luz, claridad y confianza para que tu mente se abra y puedas escuchar desde tu corazón. Dentro de ti vive un ser de infinito amor y sabiduría, tú no eres una víctima, eres mucho más que un cuerpo y un puñado de pensamientos y emociones.

Hoy suelta los puntos de vista limitantes que previamente estableciste y no dejes que tu mente se distraiga repasando historias de quejas, críticas o culpas puesto que dejarás de escuchar verdaderamente y de estar en el presente.

Hoy permite que tu Ser sea quien te guíe y te muestre el propósito de las cosas.

Cuando el temor se vaya, todo lo que el mundo te ofrece se convertirá en un verdadero regalo y en una bendición, puesto que lo interpretarás correctamente y con amor.

En ti esta el poder divino. Aquí en el ahora.

¡La decisión de tomarlo esta en tus manos! Abre tu mente.

En el instante santo se recuerda a Dios,
y con Él se recuerda el lenguaje
con el que te comunicas con todos tus hermanos.

– Un Curso de Milagros –

Semana • 19 •
Usa tu imaginación

La imaginación es un regalo interno que está a tu alcance todo el tiempo.

Es una herramienta que, cuando es dirigida por tu Guía Interior, te introduce en el mundo de las posibilidades maravillosas donde la abundancia, la paz, el amor y la felicidad son una realidad.

Al usar tu imaginación y creatividad de un modo constructivo, activas un músculo metal que te permite manifestar experiencias de armonía en tu vida. Si practicas diariamente imaginando los anhelos elevados de tu Ser, acercarás momento a momento su manifestación.

Cuando no guías tu imaginación desde tu Ser Interno, dejas tu mente a la deriva, receptiva a ideas preestablecidas por el pasado y que, mayormente, son destructivas. Si dejas a tu imaginación centrarse en ideas de temor, recrearás y atraerás situaciones de conflicto y limitación.

En tu experiencia es vital que desarrolles conscientemente la capacidad de dirigir la atención hacia los verdaderos anhelos de tu Ser. Al hacerlo, logras escuchar a tu Guía Interior, que te ayuda a desvanecer las distracciones mentales y a tomar decisiones sabias.

Si eliges mantenerte alerta sobre lo que imaginas y desechar visiones que están en oposición a tu paz y felicidad, enfocas tu imaginación en una vida extraordinaria y pones en acción tu fuerza de atracción, que materializa las experiencias correspondientes a tu nueva visón.

Al utilizar tu poderosa imaginación en ideales de vida renovada, alegre y saludable, siembras en terreno fértil y das el paso previo a su realización.

Es momento de trabajar de adentro hacia fuera.

Es momento de elegir imaginar el tipo de vida te gustaría experimentar.

¡Hoy elige imaginar una vida llena de dicha y paz!

Ofrece amor, y el amor vendrá a ti
porque se siente atraído a sí mismo.
Más ofrece ataque, y el amor permanecerá oculto,
pues sólo puede vivir en paz.

– Un Curso de Milagros –

Semana · 20 ·
Comienza de nuevo

Un amoroso nuevo comienzo puede tener lugar en tu vida cuando decides escuchar la Voz de tu Interior, siempre dispuesta a mostrarte las alternativas de paz, prosperidad, salud y armonía.

Tu Guía Interior te llena de fortaleza para comenzar de nuevo y avanzar.

Cuando eliges soltar los errores del pasado y, a cambio, tomar las lecciones que te proporcionaron, te abres al auto perdón y liberas tu mente de culpas y juicios que obstruyen tu estado de paz y tu perfecto desenvolvimiento en este ciclo de vida.

Perdonarte y perdonar, aunque no parezca, siempre es una elección.

El perdón te permite reconectarte y profundizar en la relación contigo mismo. Al mantener tu corazón limpio de resentimientos y temores, la comunicación con tu Maestro Interior fluye, ayudándote a centrarte en el presente, a creer en ti, y a atraer grandiosas posibilidades.

Aceptar las situaciones no agradables o dolorosas y pedir a tu Guía Interior que interprete su propósito, es un paso fundamental para vivir renovado. La aceptación te capacita para ver detrás de cada situación qué oportunidad de aprendizaje significa para tu vida.

Resistirte y pelear con tu pasado te oprime e imposibilita que la verdadera solución, de adentro hacia fuera, ocurra.

Enfocarte en tus ideales elevados de vida y sostener un estado de agradecimiento por tus vivencias, renueva y despeja tu mente. De esta manera, puedes manifestar cada vez más experiencias amorosas, creativas, prósperas, saludables y felices.

La sabiduría necesaria para desarrollar esta mentalidad reside dentro de ti. En tu interior vive ese gran Maestro y Creador.

Hoy da un paso de voluntad y elige dejar atrás aquello que no te brinda paz. Empezar de nuevo es siempre tu elección y el tiempo para hacerlo es el ahora.

¡Hoy permítete experimentar un nuevo comienzo!

La verdad no es vacilante: es siempre verdad.
Todo lo que es verdad es eterno y no puede cambiar
o ser cambiado.
El espíritu es por lo tanto inalterable porque ya es perfecto,
pero la mente puede elegir a qué escoge servir.

– Un Curso de Milagros –

Semana · 21 ·
Enfócate

Enfocarte es decidir conscientemente hacia dónde quieres ver, hacia dónde te quieres proyectar. Siempre tienes la capacidad de elegir reenfocarte y encaminarte, pero cuando tu atención está dirigida a situaciones de drama, te mantienes confundido y dominado por tus pensamientos y emociones.

Al estar enfocado en el conflicto y el dolor, cierras tu mente, negando la posibilidad de hallar una alternativa diferente. Si restauras la comunicación con la Guía Interior, activas la fortaleza y determinación necesarias para apartar de tu mente obstáculos que te impiden avanzar y experimentar la paz y la felicidad en el ahora.

Cuando te enfocas en tu crecimiento y evolución personal, puedes reconocer esa consciencia elevada que vive en ti, que te ofrece las herramientas para mantener la mente en calma. Si te haces consciente de las elecciones que has tomado y logras responsabilizarte por tus experiencias, saldrás rápidamente de los sentimientos de ser una víctima.

Muchas veces no te sientes contento y en paz contigo mismo porque gran parte de tus decisiones las tomas de modo inconsciente y luego no te gustan sus consecuencias. Aunque creas que tu vida se te sale de las manos, en realidad tu poderosa mente obedece tus órdenes todo el tiempo y trae a tu vida aquello en lo que estás enfocado.

Cuando tu mente marcha desbocada hacia la angustia y la limitación, ves reflejados los efectos de tus pensamientos adonde quiera que vayas. Quieres controlar a tu entorno y te olvidas que lo que en realidad buscas detrás de cada experiencia humana es un estado de dicha y plenitud.

Enfocar tu mente hacia la paz es un paso necesario para experimentar efectos acordes con este sentimiento de tranquilidad y fe. Aunque tu mente actualmente esté programada para reaccionar temerosamente, puedes volver a tomar sus riendas, enfocarte y elegir conscientemente con qué pensamientos ocuparla.

Tu Maestro o Guía Interno está siempre dispuesto a ayudarte. Entre más lo escuchas, más consciente te haces de los pensamientos a elegir, los sentimientos que deseas experimentar, y las decisiones que te conviene tomar.

Cada vez que decides enfocarte en tu interior, abres tu mente al camino de la paz y la armonía, manifestando una nueva realidad de plenitud.

Lograr el dominio de tus propios pensamientos es cuestión de enfoque y decisión.

¡Hoy elige desechar los temores y enfocarte en lo que deseas de corazón!

Sólo tú puedes cambiar tu vida.

Tal vez pienses que eres responsable de lo que haces
pero no de lo que piensas.
La verdad es que eres responsable de lo que piensas
porque es solamente en ese nivel donde se puede
ejercer tu poder de decisión.
Tus acciones son el resultado de tus pensamientos.

– Un Curso de Milagros –

Semana · 22 ·
Toma acción

Cuando decides caminar por el sendero del crecimiento y la evolución personal, descubres que la acción que tomas es el resultado de tus creencias y estados mentales. Dedicar tiempo a la contemplación y a la reflexión te abre a posibilidades elevadas, permitiendo que tu sabiduría fluya y que tu propio Maestro Interior te muestre la alternativa a tomar que te brindará la tranquilidad.

La acción «correcta» es determinada por tu propia Guía Interior. Sin embargo, desde un reconocimiento espiritual, comprendes que toda acción tomada contiene un propósito de aprendizaje fundamental que constituye una pieza perfecta en el engranaje de la totalidad. Desde esta perspectiva, las acciones dejan de ser vistas como «buenas» o «malas» para comenzar a percibirse, en cambio, como alternativas que bien te llevan a tu mayor evolución y paz, o bien en el sentido contrario.

Si te guías por las acciones de los demás, buscarás soluciones superficiales y te desorientaras fácilmente, pues muchas veces la acción más conveniente para ti puede ser justamente la acción opuesta para otra persona.

Al entrar en comunicación interior, puedes vislumbrar potenciales que se ajustan a tu situación y momento; y recibir instrucción sobre cómo avanzar de un modo sabio y feliz.

Antes de ponerte en acción, proyéctate al fututo con tu decisión y permite que los sentimientos sobre estas ideas afloren. Si identificas que ellos te dan paz y certeza al contemplarlos, aunque sean experiencias desconocidas o incluso parezcan sacarte de tu zona de confort, es una señal de que tu Guía Interna te está mostrando el camino a seguir.

El sentimiento de paz es el indicador de que tu Maestro Interior te está hablando. Antes de tomar acción, escúchate y siéntete. Si tu mente está en el temor y tus emociones son de ansiedad o culpa, detente y reflexiona. Estos sentimientos son demostraciones de que la mente conflictiva y controladora que llamamos ego te está dirigiendo. Si avanzas de este modo, seguramente tomarás decisiones en contra de tu paz y evolución.

Al dejar de reaccionar frente a los acontecimientos y pasar a reflexionar sobre ellos, logras observar tus discursos de «es que me toca...», «es que tengo que...»; y detrás de ellos reconocer a tus verdaderos anhelos y deseos.

Tú eres un gran Ser Poderoso, no eres un robot. Siempre puedes detenerte, cambiar de parecer y elegir de nuevo. Haz lo que deseas porque así lo eliges, no porque te toca, pues en ello reside tu libre albedrío.

Experimentar momentos de reflexión continuamente te ayudará a salir del tren de vida basado en las decisiones impulsivas.

La verdad se encuentra en ti y la acción correcta será el resultado de una honesta contemplación de ti mismo. Permítele a tu Poder Interior extenderse hacia donde quiera que tú vayas y deja que tu Guía Interior de paz y amor sea quien te dirija.

Hoy actúa desde tu Ser y de corazón.

¡Sólo tú puedes emprender la acción que te lleva a la paz!

Todo pensamiento produce forma en algún nivel.
Obrar milagros requiere que uno se dé cuenta del
poder de los pensamientos.
El obrador de milagros debe poseer un genuino respeto
por la ley de causa y efecto
como condición previa para que se produzca un milagro.

– Un Curso de Milagros –

Semana · 23 ·
Sé responsable

La responsabilidad es la entrada a un mundo renovado y diferente.

Al tomar la responsabilidad de tus pensamientos y aceptar que son tus propias elecciones las que te han llevado al punto en donde ahora te encuentras, te sitúas en una posición en donde puedes determinar la posibilidad de cambio.

Cuando no tomas responsabilidad por tus elecciones, operas desde un punto de vista de víctima. Cuando piensas que tus creencias no tienen nada que ver con tus circunstancias, te atrapas a ti mismo y sueltas tu Poder Interno, permitiendo que los demás te predeterminen.

Tomar responsabilidad no tiene nada que ver con la culpabilidad. Es una postura en donde puedes reconocer una oportunidad de cambio, que te abre a soluciones que vienen de adentro hacia fuera, permitiéndote renacer al Poder Interior.

Dentro de ti reside el poder de elegir. Puedes optar por creer en el Poder Interior y, por lo tanto, creer en ti; o puedes elegir creer que eres limitado e impotente, convirtiéndote en una víctima.

Cuando eliges a favor de ser una víctima, te envuelves en el drama y tu rol se enfoca en juzgarte y condenarte. Así, te cierras a ver las grandiosas formas de avanzar y experimentar paz, armonía y amor. Al creer en la mente limitada, atraes senderos obstaculizados que te demuestran que no puedes, que no sirves, que no tienes y que la escasez ejerce un papel protagónico en tu vida.

Al responsabilizarte por tus experiencias, te abres a una comunicación superior con tu Guía Interna que te fortalece y lleva hacia la armoniosa resolución de tus situaciones.

Si tomas responsabilidad por tu vida experimentas la verdadera visión y disuelves las posibilidades dramáticas. Reconociendo que no hay necesidad de juzgarte o condenarte por las elecciones pasadas, te puedes liberar y centrar de nuevo en el presente, donde encuentras las respuestas perfectas.

Puedes elegir creerte limitado y víctima de la vida, o bien puedes elegir creer en tu grandioso potencial y manifestarlo.

La verdad de quien realmente eres excede el límite del pensamiento humano. Tú eres un maravilloso Ser con posibilidades infinitas.

Hoy elige tomar responsabilidad por tu experiencia.

¡Ábrete a vivir una vida extraordinaria aquí y ahora!

Estar listo es sólo el prerrequisito para que se
pueda lograr algo.
Tan pronto como se da la condición de estar listo,
también se da, en cierta medida, el deseo
de querer lograr algo.
Dicha condición de estar listo no es más que el potencial
para que pueda tener lugar un cambio de mentalidad.

– Un Curso de Milagros –

Semana · 24 ·
Comprométete

Determinarte a crecer y prosperar, en cualquier ámbito de tu vida, requiere de tu firme decisión y compromiso. Cuando fortaleces tu voluntad y logras vencer tus propias debilidades de carácter, te permites dar el salto cuántico que te lleva más allá de tus excusas y límites.

Es al otro lado de los pensamientos de debilidad que se encuentra ese nuevo tú renovado y fortalecido que tanto anhelas ser. Al escuchar tu Voz Interior, te permites reconocer que el primer compromiso, desde donde se extienden todos los demás, comienza contigo mismo.

Cada compromiso que aceptas con un corazón dispuesto es una oportunidad de despertar maravillosos potenciales latentes que habitan en ti. Te entregas al proceso de crecer, dejando que los propios retos del camino te eleven a experiencias de unidad, entrega y realización personal.

Tomar el liderazgo de tus pensamientos y aprender a guiar tus emociones te capacita para salir de los sentimientos y paradigmas de víctima que te hacen creer que estás donde estás por tu mala suerte o por culpa de los demás, y no por tus propias elecciones pasadas.

Al atender tu Maestro Interior reconoces que dentro

tuyo existen profundos anhelos que desean manifestarse. Para que estos puedan ocurrir, debes aceptarlos y comprometerte con ellos.

Tu compromiso es la fuerza que te sostiene en los momentos desconocidas del futuro. Es a través de un sólido compromiso como te formas y preparas el resurgimiento de tu nuevo Ser.

Si te permites ser dirigido por tu Guía Interna, recibes la sabiduría necesaria para adquirir compromisos que verdaderamente contribuyan a tu vida, así como el valor y el enfoque necesarios para mantenerlos. Es gracias a la emanación de la llama del amor que vive en ti, que eres impulsado hacia la consecución de tu visión ideal.

Por el contrario, si tu mente está dominada por el temor y por la personalidad de tu ego, te sentirás atraído a tomar compromisos basados en lo que otros exigen o te comprometerás con metas vacías y proyectos destructivos. Cuando no escuchas tu Guía Interna de Amor, esclavizas tu mente, te envuelves en el miedo, la culpa, el resentimiento; y manifiestas en tu vida experiencias de dolor.

Detrás del deseo de cumplir tus metas, se esconde el deseo de reencontrarte, de estar en paz y de ser feliz. Al entrar en el silencio y escuchar a tu Maestro Interior, te conectas de nuevo con los anhelos de tu alma y recuerdas que tu prioridad es tomar decisiones que te brinden paz e integridad.

Si sientes que vas en contravía, recuerda que siempre

tienes la posibilidad de detenerte, volver a elegir y seguir los compromisos que vienen de tu interior. De esta manera, accedes a un elevado estado mental que te permite dejar atrás tus apegos y fluir desde adentro hacia afuera.

Tú tienes el poder de cambiar el curso de tu vida.

¡Hoy comprométete contigo mismo! Es tiempo de renacer al gran ser que eres.

Lo opuesto al amor es el miedo,
pero aquello que todo lo abarca,
no puede tener opuestos.

- Un Curso de Milagros -

Semana • 25 •
Limpia tu interior

Si limpias tu cuerpo a diario, ¿por qué igualmente no limpiar tu mente a diario?

¿Adónde crees que se van todas esas ideas de temor, resentimiento, duda, culpa y frustración de tu día a día? Estas ideas siguen y seguirán presentes en ti hasta que decidas limpiarlas, soltarlas o liberarlas.

Tu mente está entrenada con programaciones de dolor, has creído en un mundo sin esperanza, donde la felicidad no puede ser completa y donde el amor no es real. Mientras mantengas estos programas, tiene lógica que sigas apegado al drama, al conflicto y a la preocupación.

Hay tantas memorias dolorosas en tu mente que si no te permites liberarlas, te vas matando diariamente, poco a poco. El baúl de los recuerdos se sigue llenando, pero no necesitas esperar hasta que esté rebosante de dolor hasta el punto que ya no puedas más. Ahora mismo puedes invitar a tu Guía Interior para que te ayuda a descargar y a desprogramar los archivos de limitación que se quedaron atorados en tu memoria.

¡Basta ya de sufrir! Esto no tiene porque ser así.

Puedes invertir la forma cómo ves tu mundo. Puedes cambiar el temor, el dolor y la incertidumbre por amor, paz y certeza. Si te unes a tu Maestro de Paz lograrás asumir la responsabilidad de tu vida y entrenar tu mente de un modo opuesto al que aceptaste hasta ahora; en un modo libre, feliz, amoroso, y pacífico.

Tú, literalmente, creas tu realidad, y atraes todas esas situaciones que vives y eliges todos los sentimientos que experimentas. Tal vez ahora mismo no entiendas que esto funciona así o no seas consciente de lo que eliges, pero lo estás haciendo. Causa y efecto viven en ti y tu poder es total. Todo lo que crees, LO CREAS.

Limpiar tu mente de memorias dolorosas puede ser tedioso o incómodo, pero no tienes porqué hacer esta labor solo. Se te ha regalado un Guía Interno que va contigo adonde quieras. Cuando le permites entrar en tu vida, te envuelve en amor, te llena de sabiduría y fortaleza, y te acompaña a manifestar las maravillas de tu verdadero Ser.

Tu eres un ser grandioso, lleno de luz, amor y sabiduría, que mereces vivir libre y feliz.

Hoy mantente a favor de tu Guía Interior y permite que su paz te envuelva y te sane; deja que te enseñe a crear el hábito de mantener tu mente libre de condenas o resentimiento, para que el reflejo que ves en tu mundo sea un reflejo de paz. Déjate ayudar.

¡Hoy elige cambiar el curso de tu vida y despertar a una nueva consciencia!

El momento del cambio ocurre en el ahora.

*De una nueva percepción del mundo nace un futuro muy
diferente del pasado. El futuro se ve ahora como
una extensión del presente.
Los errores del pasado no pueden ensombrecerlo,
de tal modo que el miedo ha perdido sus ídolos e imágenes,
y, al no tener forma, deja de tener efectos.*

– Un Curso de Milagros –

Semana · 26 ·
Cambia tu forma de pensar

Conocer la verdad de tu Ser será sin duda la aventura más arriesgada y gratificante en la que jamás te hayas embarcado. Cuando atraviesas la puerta al mundo desconocido de tu interior, descubres que las cosas funcionan al revés de como hasta ahora habías pensado. Te haces consciente de que los pensamientos que albergas primero en tu mente son los que luego se proyectarán en tu realidad.

Es en tu mente donde se encuentra el laboratorio de experimentación. Es de acuerdo a tu forma de pensar que tu realidad se moldea y se te presenta en experiencias que te gustan o te disgustan. Si estás arraigado a pasadas experiencias de dolor, estos pensamientos atraerán más situaciones de limitación que no comprenderás.

En ti contienes grandiosos potenciales para experimentar y es tu gran derecho divino elegir vivirlos. Sin embargo, también es tu libre albedrío tomarlos o no. Cuando no te tomas el tiempo para visitar tu vasto interior, desperdicias tu fantástica profundidad y te quedas viendo sólo la punta del iceberg. Y aunque las situaciones parecerán cambiar, si no hay un cambio fundamental de mentalidad, el cambio verdadero no habrá ocurrido y las mismas historias del pasado se repetirán.

Es por medio de tu Guía Interna que puedes llegar a los reinos ocultos que viven en ti y disfrutar de ser un verdadero co-creador junto con tu Fuente Amorosa y siempre dadora llamada Dios. Al desarrollar tu Poder Interno, despiertas la mente de sueños limitados, dejas de repetir los esquemas dramáticos del pasado y accedes a una nueva y más elevada identidad.

Si deseas ver una brillante realidad, comienza imaginando algo más grandioso de lo que antes pensaste que podías ser. Pide guía a tu Sabiduría Interna para que te lleve a emprender un entrenamiento interior. Pídele las herramientas que te capacitarán para pensar de una forma verdaderamente diferente, para fortalecerte de adentro hacia fuera y a manifestar tu más alta visión.

Cuando reconoces que tu forma de pensar está creando la realidad que experimentas, puedes elegir cambiar tus pensamientos y así cambiar tu realidad. Son tu entrega y compromiso constante los que te mostrarán quien eres realmente. Al sacar músculo interior, ejercitando tu mente y desarrollando tus disciplinas espirituales, despliegas una mentalidad completamente transformada.

Dominar tus pensamientos genera un nuevo estado de paz y armonía.

Entrenar tu mente desde tu Guía Interior moldea tus pensamientos y te libera de las reacciones inconscientes de temor, ira y tristeza. Así, el nuevo tú, el verdadero Ser que eres, emerge fortalecido, con una visión clara de su propósito de vida, y te lleva hacia la realidad de felicidad que tanto mereces.

Tu Ser verdadero te ayuda a pasar de ser la víctima de tu entorno, a ser el dueño y Señor de tu realidad.

¡Cambia tu forma de pensar y tu vida entera cambiará!

Es a través de la voluntad diaria de transformar tus pensamientos que tu nueva mentalidad creará un mundo renovado donde experimentas fabulosas vivencias.

Dar un paso a la vez, de modo consciente, te irá demostrando cada vez más que el famoso Reino de los Cielos siempre ha estado en tu interior.

Hoy permite que el grandioso desconocido se manifieste en tu vida y regálate el tiempo para tu propia transformación.

Es tu vida ¡Solo tú puedes elegir transformarla aquí en el ahora!

Tomamos riendas de nuestros pensamientos errantes
y dulcemente los conducimos de regreso
allí donde pueden armonizarse con
los pensamientos que compartimos con Dios.

– Un Curso de Milagros –

Semana · 27 ·
Vuelve al centro

Tú tienes la capacidad de volver la atención hacia dentro de ti mismo, donde se encuentran las alternativas de paz, dicha y abundancia. Estas experiencias no son cosas externas sino un estado de conciencia interna, una forma de pensar que percibe su entorno como un reflejo del amor que está en su propio centro interior.

Acceder a tu centro interno es reconectarte con la sabia Guía Interna que habita en ti. Es a través de ella que logras recordar tu maravilloso poder y puedes renacer a una nueva mentalidad, donde la sensación de ser una víctima de la vida desaparece.

Centrarte en tu interior no es algo que ocurre al azar; es una decisión que tomas de un modo consciente, una determinación que te permite usar tu fuerza de voluntad y actuar en aquellos momentos en que requieres cambiar tu enfoque mental. Si encuentras a tu mente repasando una lista de obstáculos y limitaciones, ¡detente!, y elige llevar la atención hacia lo opuesto. Trae a tus pensamientos la lista de bendiciones, alegrías y situaciones por las cuales estar agradecido y enfócate en ella.

Cuando optas por volver al centro, te conectas con ideas y vibraciones de armonía. Estos nuevos pensamientos deshacen de la mente las voces de la personalidad pesimista que te niegan la experiencia de felicidad en el presente.

Enfocarte en el caos es atacarte a ti mismo, pues vas alimentando miedos que ven historias conflictivas con finales traumáticos. Estas ideas te atemorizan y abres la puerta a que esas realidades ocurran. Cuando la angustia se fortalece, cierras tu mente al fluir de posibilidades maravillosas y te debilitas.

El tipo de pensamientos que albergas trae el tipo de realidad que experimentas. Al elegir entrar en tu Ser Interno, inviertes el proceso conflictivo, las emociones se calman, y la verdad te habla.

Tu libre albedrío de elección es un grandioso regalo. Úsalo a favor de una vida en paz.

Decídete a reencontrarte con el Ser Espiritual que hay en ti, ese Maestro de Amor que sabe cómo volver al centro. Pídele su ayuda y permítele que te enseñe a detener los mecanismos de la mentalidad temerosa que te causan emociones alteradas y reacciones defensivas, para que puedas así dar paso a la Voz Interna que te brinda una solución pacifica y una mentalidad de confianza.

Al elegir tranquilizarte, inicias el proceso de regreso a tu centro. Cuando bajas la pantalla de la ansiedad, trasciendes las nubes de temor y te acercas a la paz del Centro Interior, donde toda solución emerge.

Con una percepción libre de los juicios del pasado, verás que cada situación retadora puede convertirse en la oportunidad perfecta que te llama a ver más allá del caos y que te invita a descubrir que, incluso en situaciones dolorosas, puedes abrir un espacio dentro de ti que te ofrezca amorosas alternativas.

Solo tú puedes elegir recordar que la sabiduría, la abundancia, el amor y las maravillas por manifestar viven en ti.

Hoy vuelve a tu Centro Interior y recuerda que siempre está a tu disposición.

¡Volver a él depende de ti!

No tengo que preocuparme por lo que debo decir
ni por lo que debo hacer,
pues Aquel que me envió me guiará.
Me siento satisfecho de estar donde quiera que Él desee,
porque sé que Él estará allí conmigo.

– Un Curso de Milagros –

Semana · 28 ·
Deja de preocuparte

Al otro lado de las densas nubes de preocupación, se encuentra un estado de paz, donde la fe y la confianza son posibles. Con una mente tranquila comprendes que disfrutar de la vida es siempre una elección.

Cuando eliges dejar de enfocarte en tus angustias, cambias el canal y restauras la comunicación con tu Guía Interior. Así, puedes recordar que dentro de ti sí existe un modo de ver la vida con confianza, tranquilidad y alegría.

Dejar de preocuparte es realizar la maestría de «vivir en el ahora»; es comenzar a darte permiso para ser tú mismo; es decidir despejar tu mente de los apegos pasados, de la ansiedad del futuro, y descansar en el presente.

Si vives tu vida atrapado en un trajín diario, te envuelves en el drama de las obligaciones y te conviertes en la víctima de tu día a día, donde sólo puedes ver conflicto y caos. Al vivir de esta manera, estás dirigido por el miedo y operas de un modo automático que es defensivo, controlador y pesimista.

Mientras estás enfocado en tus preocupaciones, no puedes disfrutar del presente ni acceder a soluciones verdaderas. Detenerte por un momento y dejar de enfocarte en una serie de posibilidades destructivas es fundamental para tu paz, pues de este modo abres un espacio vital en tu mente que te permite reconocer el propósito oculto detrás de cada dificultad.

Cuando eliges de momento en momento confiar en tu Guía Interior, adquieres una nueva forma de pensar que te capacita para ver las situaciones como oportunidades y no como problemas. Tu Maestro o Guía Interno siempre te dirige hacia tu propia y profunda sabiduría dormida, que resuelve todo reto. Comprendes que entre más conoces tu esencia, más confías en el fluir de la vida y menos te preocupas.

Dejar de preocuparte y quejarte es un acto de amor contigo mismo. Al no enfocarte más en lo que ya no quieres o en lo que te disgusta, dejas de atraer estas posibilidades. Te sales del drama pasado, entras en el presente y dispones tu mente a considerar las alternativas felices que realmente deseas experimentar.

Parar por un momento y respirar conscientemente despeja tu mente y hace que las ideas de inspiración fluyan. El aire renovador actúa como un purificador que limpia tu mente de ideas temerosas y activa la guía de tu Maestro Interno. Esta gran fuerza de amor te brinda determinación para liberarte de los límites que ves reflejados en el entorno y te impulsa a ser tú mismo.

Entre más preocupaciones liberas, más activas tu Poder Interno.

Al reconocer tu naturaleza espiritual y sus grandiosos

potenciales, recuerdas que tú eres mucho más que los límites de tu personalidad. Comprendes que la fortaleza y el amor de Dios viven dentro de ti. Desechar la preocupación es un acto de humildad y confianza en donde aceptas que tu Fuente Creadora te asiste y te brinda todo lo necesario para trascender cualquier obstáculo.

Confiar te lleva a desarrollar una mentalidad de paz y te da la posibilidad de apreciar todo aquello que conforma tu vida. Desde una conciencia de gratitud, puedes sentir diferente toda la vida que te rodea: el aire, la gente, la naturaleza. Vivir en continuo agradecimiento te permite expandirte y encontrar cada día motivos y oportunidades por los cuales sentirte abundante, alegre y en paz.

¡Decídete a soltar las preocupaciones y confía!

Tu Guía Interior te ayudará a llegar adonde debes estar.

Date permiso para ser tú mismo.

Lo que buscas siempre está dentro de ti. En el aquí y el ahora.

Soy el Hijo de Dios, pleno, sano e íntegro,
resplandeciente en el reflejo de su Amor.
En mí Su Creación se santifica
y se le garantiza vida eterna.
En mi el amor alcanza su perfección,
el miedo es imposible y la dicha se establece sin opuestos.

– Un Curso de Milagros –

Semana · 29 ·
Vive agradecido

Abrirte a la gratitud te permite unificarte con la conciencia de abundancia. Recuerdas que eres un Ser afortunado y bendecido cada vez que te detienes un instante y simplemente agradeces por tu vida y por todo lo que hay en ella.

Al practicar constantemente el agradecimiento y contar tus bendiciones, te envuelves en pensamientos de paz y alegría que atraen más acontecimientos que reafirman tu estado de gratitud. Entras en un círculo creativo en donde tus pensamientos están dirigidos a reconocer la perfección de tu vida.

El corre-corre diario, las preocupaciones causadas por el pasado o la ansiedad acerca del futuro sacan a tu mente del momento presente. Este estado mental de angustia te impide ver los pequeños o grandes motivos por los cuales puedes estar agradecido en el aquí y el ahora.

Elegir conscientemente permanecer en gratitud te abre al amor y te conecta con tu Guía Interior; la claridad se manifiesta y puedes entender el propósito de situaciones que te desagradaron o que te entristecieron, e incluso agradecerles por el aprendizaje que ellas te aportaron. Estar agradecido te centra en el presente y actúa como un liberador de ideas de opresión. Cambias hacia una actitud optimista desde donde puedes sanar más fácilmente las heridas de tu corazón.

Entre más reconoces razones por las cuales estar agradecido, más estrechas la relación contigo mismo. De este modo, te abres al Maestro Interior que vive en el presente y que te invita a estar alerta y a experimentar las maravillas y bondades del momento.

En la medida en que dejas de enfocarte en la escasez, la tristeza o la imperfección que el ego o mente conflictiva quieren presentarte, reconoces que tu felicidad únicamente proviene de tu interior y no de las situaciones externas.

Entre más te conectas contigo mismo, más y más motivos encuentras por los cuales estar realmente agradecido.

Cuando sientes agradecimiento por ti y por tus vivencias pasadas, tu autoestima aflora y se aviva la llama de la vida interior. Cuando proyectas esta gratitud hacia el futuro, activas tu fe y la esperanza de tener más experiencias grandiosas. Das un giro de mentalidad donde te regocijas con pensamientos y emociones de dicha, paz y abundancia en el presente.

Vivir en gratitud es el resultado de elegir un nuevo modo de ver la vida.

Vivir agradecido es vivir de adentro hacia afuera.

¡Hoy decídete a vivir con gratitud!

Sólo tú puedes cambiar el rumbo de tu vida.

*Los maestros de Dios tienen confianza en el mundo
porque han aprendido que no están regidos por las leyes que
el mundo inventó. Están regidos
por un poder que se encuentra en ellos.
Éste es el poder que mantiene todas las cosas a salvo.*

– Un Curso de Milagros –

Semana · 30 ·
Confía

La confianza se desarrolla en ti cada vez más y más, a medida que te reconectas con tu fuerza y sabiduría interior. Al permitirle a la Guía Interna dirigirte, te elevas a un estado mental y emocional donde comprendes que todo lo que ahora te acontece esconde una valiosa oportunidad y un grandioso aprendizaje.

Al dudar sobre si tus asuntos saldrán armoniosamente, entregas tu atención a los desajustes de la vida; tu poder interno se debilita y entras en potenciales de temor, desbalance e insatisfacción. En cambio, cuando deseas ver el propósito de las situaciones en vez de juzgarlas, te abres a un entendimiento mayor y tus miedos se debilitan.

Con la intención y decisión de transcender tus retos, te vas fortaleciendo hasta recobrar la confianza. Eres tú mismo quien elige abrir nuevamente la compuerta de la paz. Al comprometerte contigo mismo y con los propósito que provienen de tu Ser, te llenas de fuerza y fe para creer en sus manifestaciones. En ti viven maravillosas posibilidades y, al comprometerte contigo mismo, facilitas el fluir universal, permitiendo que trabaje a tu favor.

Cada persona, acontecimiento o situación que te desestabiliza puede ser vista como una oportunidad para confiar y encontrar el estado de paz y felicidad que vive en tu interior. Es en la adversidad donde logras conocerte y descubrir las fortalezas que te ayudarán a superar las limitaciones.

Cuando tu mente es dominada por el temor, proyectas tus preocupaciones en el entorno y bloqueas la libre resolución de tus situaciones. Al dejar ir la ansiedad sobre un resultado en particular, permites que los avances se manifiesten y que tu energía se enfoque en dar lo mejor de ti, y no en cómo obtener algún provecho de las situaciones o de los demás.

Acudir a tu sabiduría interior te ayuda a restablecer la confianza y a disfrutar del presente. Cambiando tu enfoque, logras dar tu máximo potencial y entregar tus dones, talentos y servicios con amor y desapego. Cuando los otorgas centrado en el presente, te permites experimentar la abundancia como el estado inherente de tu ser y mantenerte en la conciencia de felicidad y paz.

Es tiempo de dejar que la semilla sembrada crezca y que su fruto madure cuando esté listo; en su momento perfecto y sin forzar.

Es hora de confiar en el desarrollo natural de las situaciones, invitando a tu Guía Interior, quien te da fe o fuerza espiritual. Con tu fe activa comprendes cómo cada una de tus experiencias puede convertirse en una bendición. Al creer en lo grandioso, te empujas a mirar más allá de lo que antes habías visto y a manifestar esplendidas posibilidades en tu realidad.

Hoy confía y recuerda que no caminas solo.

Hoy elige confiar y tu Maestro Interior te guiará

Es siempre tu elección crear una vida extraordinaria.

Es hora de creer en ti. Ahora en el presente.

Eres un solo ser completo, sano y pleno,
con el poder de levantar el velo de tinieblas
que se abate sobre el mundo
y dejar que la luz que mora en ti resplandezca
a fin de enseñarle a éste la verdad de lo que eres.

– Un Curso de Milagros –

Semana · 31 ·
Invita a la abundancia

La abundancia es tu estado natural. Es el reconocimiento de tu esencia verdadera. Al aceptar la prosperidad en tu mente, entras en un estado de conciencia donde reconoces que la verdadera fuente de todo bien está dentro de ti.

Cuando das las gracias por tus experiencias y cuentas tus bendiciones, activas la conciencia de gratitud y la sensación de carencia desaparece. Estar en gratitud te recuerda lo maravillosa que es tu vida y prepara a tu mente para recibir más experiencias por las cuales estar agradecido.

Si te enfocas en lo que no tienes, retienes pensamientos de escasez y proyectas experiencias limitadas. Enfocarte en tu mayor potencial, en cambio, ayuda a la mente a recordar su naturaleza abundante y a operar en vibraciones de abundancia y milagros.

Al reconectarte con tu Guía Interna, retomas tu poder creativo y tu capacidad de ver más allá de las apariencias de escasez. Estando bajo esa Guía de Amor, puedes trascender los obstáculos de limitación, porque vas de regreso a tu fuente interior. Desde allí se restablece la visión de abundancia, lo que te permitirá disolver los temores de no tener lo suficiente.

No hay conciencia de prosperidad afuera de ti. La prosperidad reside en ti, en el presente, y no depende de tus posesiones materiales o logros pasados. Por más que acumules externamente, si adentro no reconoces tu abundancia, te sentirás vacío y pobre.

La verdadera abundancia es un estado de conciencia que está en tu mente. Puedes acceder a él a través de la elección consciente de buscar adentro. No podrías ser verdaderamente próspero si la naturaleza de tu abundancia estuviera afuera. Tú ya tienes todo lo que crees necesitar dentro de ti y es desde adentro hacia fuera que lo puedes manifestar.

Si ves la abundancia adentro, la atraes hacia afuera de muchas maneras.

Cuando te enfocas en demostrar tu abundancia a los demás para sentirte próspero, te debilitas. En ese caso estás trabajando en colmar expectativas sociales, y esto no te hace abundante sino dependiente. Tu naturaleza abundante no necesita ser demostrada. Lo que ya es y ya existe sólo necesita ser reconocido por ti para así poder ser expresado libremente y disfrutado.

La falta de algo material tampoco es prueba de pobreza. Por más que algo te falte momentáneamente, debes recordar que en ti hay una fuente ilimitada de provisión, y aunque a veces no sea evidente ante la vista humana, la abundancia es tu realidad espiritual y es una verdad.

Puedes experimentar la abundancia tomando la firme decisión de cambiar tu enfoque mental en la escasez.

La vida de prosperidad es el resultado de reconocer tu naturaleza abundante y de elegir momento a momento verte como el Ser creativo y poderoso que realmente eres y no como una víctima limitada.

La prosperidad es ir de la mano de tu Maestro Interior, que siempre confía, y no de tu ego o mente temerosa. Así, donde quiera que vayas, con bienes o sin ellos, manifestarás experiencias prósperas y reflejarás un estado de conciencia que trasciende los esquemas preestablecidos y las apariencias.

Tus mejores recompensas son el descubrimiento de que la fuente de todo tu bien reside en ti y la certeza de que todo lo que deseas manifestar ya está en tu interior.

Hoy no sigas buscando tus tesoros afuera. Hoy recuerda que el mundo de las oportunidades ilimitadas te espera dentro de tu propio Ser.

¡Cuando reconoces tu identidad espiritual, todo lo demás viene por añadidura!

El reino de la abundancia sigue vivo en ti.

Y sólo tú lo puedes elegirlo. En el ahora.

Así son los verdaderamente honestos.
No están en conflicto consigo mismos a ningún nivel.
Por lo tanto les es imposible estar en conflicto con nada o con nadie.

– Un Curso de Milagros –

Semana · 32 ·
Sé honesto

Al detenerte por un momento y reconectar con tu Guía Interior, puedes descubrir que con el único con el que realmente puedes ser honesto es contigo mismo. Según cómo establezcas la relación contigo, se darán todas tus demás relaciones.

Todo acto de honestidad con los otros proviene primero del reconocimiento de lo que verdaderamente sientes, piensas y deseas. Reconocer tus sentimientos y pensamientos requiere de gran valor y compromiso personal.

Al salir de la negación y abrirte a tu Sabiduría Interior, puedes recordar que dentro de ti existen recursos asombrosos que te permiten enmendar tus decisiones pasadas, evolucionar y atraer la vida de paz y armonía que tanto mereces.

Cuando te auto-engañas, te vuelves incoherente y tu mente entra en conflicto. Si piensas una cosa, dices otra y haces una tercera cosa, la puerta de la armonía en tu vida se cierra y llegan personas que reflejan estos mismos comportamientos.

Comenzar por desear ser honesto contigo mismo es el primer paso hacia la paz.

Al activar tu voluntad de cambio, resurge tu Maestro Interior para ayudarte a aceptar los sentimientos, pensamientos y situaciones tal y como son en este momento. Aceptar las cosas como son puede ser inicialmente un tanto incómodo, pero cuando lo permites, tus cargas se alivianan y aceleras tu estado de paz.

No tienes que hacer este proceso solo. Al reconectarte con tu Guía Interior amplias tu percepción y puedes ver las situaciones desde un punto de vista más elevado y global. Cuando dejas de juzgar y defender tu punto de vista, te liberas, dejas de forzar las cosas intentando cambiarlas o ignorarlas, y por fin puedes ver el propósito que se oculta detrás de cada situación.

Si no te conoces a ti mismo, no podrás ser honesto ni contigo ni con los demás.

Cuando tomas la responsabilidad de tu vida, tu Maestro Interior te muestra la salida de tus limitaciones a través del amor y la compasión por ti mismo y por los demás. Reconoces que ser honesto va más allá de decir la verdad, que es una profunda aventura de auto-conocimiento y autenticidad.

Hoy no silencies más la Voz de tu Corazón. ¡Detente y escucha!

Es hora de recordar que las respuestas ya están en tu interior y que ser honesto no te traerá problemas, sino que te dará gran gozo y libertad.

La elección de ser honesto es siempre tuya.

El momento del cambio ocurre aquí en el ahora.

Cada vez que seas tentado a emprender una jornada inútil
recuerda qué es lo que verdaderamente quieres.

– Un Curso de Milagros –

Semana · 33 ·
Ejerce tu fuerza de voluntad

La voluntad es como un músculo mental que necesita ser ejercitado. Cuando la entrenas con tu fuerza y enfoque interior, tu determinación empieza a florecer y te sorprendes caminando una milla extra y superando los impulsos que te hacían volver atrás y tomar decisiones conflictivas.

Tener una voluntad débil imposibilita el desarrollo de tu mayor potencial.

Aprender a ser determinado en tus decisiones es fundamental para tu evolución y para conducirte hacia los anhelos de tu Ser.

El fortalecimiento de tu voluntad comienza cuando te abres a tu propia Guía Interna y tomas la decisión de seguir su dirección. Al establecer una relación constante con tu Ser Interior, descubres que tu poder escondido resurge y que el valor en ti se aviva, permitiéndote tomar maravillosas elecciones que te elevan por encima de las antiguas flaquezas.

Las dudas son el resultado de una voluntad vulnerable que vive al dictado de su entorno y no de su Maestro Interno. Cuando niegas tu poder verdadero, afirmas la

Tu Guía Interior

debilidad e incapacidad que habita en ti; pero si reorientas tu voluntad a favor de tu Guía Interna, te verás dominando tus pensamientos limitantes y abandonando las ideas de temor.

Al usar continuamente tu fuerza espiritual, acallas aquellos pensamientos del ego que quieren hacerte ver como una víctima y permites a la mente atravesar por una necesaria depuración de las ideas acerca de tu propia incapacidad.

Comienza tus días renovado a través del perdón, así experimentarás cada vez más la fortaleza que tanto mereces y requieres de estar en paz.

Cuando reafirmas tu Poder Divino, te determinas y haces que tus pasos se conviertan en sólidas rocas por donde avanzar confiadamente.

Mantener una voluntad indecisa te lleva a la frustración y a la decadencia, te hace pensar que no eres capaz de decidir o lograr tus objetivos, y te deja a merced de lo que los otros deciden por ti. Terminas intercambiando los anhelos de tu corazón por la debilidad, dejando que los demás te dominen.

Al cambiar de percepción y reforzar la comunicación interior, tu fuerza de voluntad se despliega desde adentro hacia fuera, y una nueva mentalidad surge en ti, ayudándote a persistir y a trascender todo aquello que la mente dudosa imposibilitaba.

Cada elección que tomas desde tu Centro Interno te

-174-

transforma en un Ser vibrante. Desde allí abres el camino a las situaciones y a las personas que avanzan con decisión, inspirados por su fuerza de voluntad.

¡Hoy comprométete contigo mismo y permite que tu Maestro Interior te dirija hacia el dominio de tu voluntad!

Hoy abre la puerta a la Fuente Suprema, Dios, quien encierra todas las soluciones. Tu Guía Interior es el puente de conexión con Dios. Esta Guía te enseña a hacer que se desvanezcan los juicios que te condenaban por decisiones pasadas y te brinda la fortaleza requerida para salir de cualquier estancamiento y desarrollar tu grandioso potencial desconocido.

Dominar tu voluntad y transcender las dudas empieza con una elección consciente.

Sólo tú puedes hacer esta elección.

Al conquistar tu voluntad, te conquistas a ti mismo.

¡En ti vive la fuerza para elegir!

La mente es muy poderosa y jamás pierde su fuerza creativa.
Nunca duerme. Está creando continuamente.
Es difícil reconocer la oleada de poder que resulta de la
combinación de pensamiento y creencia,
la cual puede literalmente mover montañas.

– Un Curso de Milagros –

Semana · 34 ·
Expresa tu creatividad

Tú eres un maravilloso canal de expresión. En la medida en que te abres a tu Guía Interior, la expresión de tu Ser empieza a ser cada vez más armoniosa, continua y fluida. Al permitirte expresar lo que verdaderamente eres, comienzas a brindar los frutos sorprendentes de tu esencia creativa.

Cuando dejas ir las creencias limitantes acerca de ti mismo, destapas la conexión con tu Fuente Creadora. Soltar estos juicios genera el vacío necesario para que la paz y la inspiración puedan fluir como una corriente energética. De este modo, tu mente es dirigida constructivamente para manifestar tu autenticidad en ideas y acciones originales.

La inspiración se bloquea en tu vida porque se interponen en tu mente pensamientos destructivos acerca de ti mismo y de tu entorno que generan emociones de temor que te contraen y que obstaculizan la comunicación con la Fuente Creadora Dios, con el Universo y contigo mismo. Cuando esta situación ocurre, tu creatividad y tus posibilidades armoniosas quedan veladas tras una perspectiva de limitación.

Para abrirte de nuevo a la creatividad y a la inspiración,

requieres estar dispuesto a que esos obstáculos sean eliminados de tu mente. Una mente renovada puede visualizar nuevos objetivos de armonía, alinearse con su propósito de vida y retomar el ánimo necesario para avanzar hacia un futuro de paz y evolución.

Al reconectarte con tu Sabiduría Interna, tu imaginación es utilizada para diseñar sueños felices que te conducen de nuevo al centro del amor que está en tu interior. Cuando decides expresar tus potenciales elevados, los medios para llegar a ellos te son brindados. Nuevas personas, informaciones, circunstancias y eventos son atraídos por tu Centro Interior para ayudarte a desempeñar el rol de tu Ser de Amor.

Cada elección que tomas afecta a todo tu entorno; cada pensamiento que contemplas modifica tu realidad. Por lo tanto, si te comprometes a desbloquear el canal de comunicación con tu Ser Interior, podrás afectar a tu mundo en forma creativa y constructiva.

Al permitir que fluya la inspiración primero en ti, ayudas a despertar también la inspiración en los otros, pues la fortaleza, la paz y la creatividad que te envuelven serán el testimonio y la motivación que invita a los que te rodean a recobrar su papel original.

Expresarte creativamente desde el amor que vive en tu interior, te permite comprender que tienes un rol indispensable en el plan de la totalidad.

Saber brillar requiere valor. Sin embargo, tu Ser de Luz

te acompaña donde quiera que vayas, enseñándote cómo vivir grandiosamente.

El camino de la creatividad continua está esperándote, y tu Guía Interior está dispuesta a llevarte más allá de tus antiguos esquemas. Es tu decisión comenzar a andar la senda donde se deshacen los juicios limitantes y se abre el camino de la felicidad que te pertenece.

Tú eres una parte vital del Todo. El poder y la luz que brilla en ti, velará porque tu propósito se cumpla en perfecto orden.

Tu inspiración, talento y creatividad siempre están a la espera de que les permitas manifestarse. Hoy puede ser ese gran día. ¡Decide que así sea!

Sólo tú puedes elegir expresarte y transformar tu vida.

El amor de Dios irradia sobre mí desde dentro de mi corazón,
donde Él mora.
No necesito más que dirigirme a Él y todo pesar desaparece
conforme acepto su infinito Amor por mí.

– Un Curso de Milagros –

Semana · 35 ·
Acepta los reajustes

Al reconocer que estás empezando una nueva etapa, estarás más dispuesto para hacer los reajustes necesarios. Cuando comienzas un ciclo, debes revisar el modo anterior de hacer las cosas, pues generalmente la manera antigua de operar ya no es la más conveniente para tu siguiente fase y necesita ser renovada.

Reconectarte con tu Guía Interior le permite a tu sabiduría innata fluir y a tu mente estar alerta para identificar en qué momento de tu vida te encuentras y cómo desempeñarte mejor en las nuevas circunstancias.

Al abrirte a una realidad más armoniosa en tu vida, es posible que ocurra un momentáneo caos en ella, pues al avanzar estás removiendo viejas creencias y patrones mentales. La basura interna surge a la superficie para ser eliminada. Este proceso te puede desubicar y crear incomodidad mental, emocional o física. Sin embargo, es una transición necesaria que abre el paso para que renazca tu nuevo y fortalecido yo.

El reajuste te saca de tu zona de confort, pero si no lo resistes y te das permiso para no saber o no entender por un momento cómo hacer tu siguiente paso, le das espacio a tu Maestro Interno para dirigirte y facilitas la llegada de tu nueva vida.

Si reconoces que lo que antes te servía ahora ya no lo hace, dejas que tus antiguos esquemas e ideas del pasado finalmente se disuelvan y cumplan su propósito.

Aceptar el momento, simplemente tal y como es, te permite dejar de añorar el pasado y recordar que el momento creativo donde reside la felicidad es en el ahora.

Cambiar de mentalidad y darle la bienvenida al cambio, dejando de juzgar los efectos o incomodidades que experimentas, activa tu energía y te revitaliza, haciendo que te mantengas más fácilmente enfocado en alternativas de paz y armonía.

En medio de un renacimiento es difícil identificar que atraviesas el proceso de transformación de la mariposa. Dentro del capullo todo se ve negro.

Al entablar nuevamente la comunicación con tu Guía Interior, la paciencia, el consuelo y la claridad te acompañarán. Recordarás que la luz del sol está al otro lado y tendrás la certeza de que cada segundo de incubación tuvo un gran sentido.

Cuando menos pienses, en un abrir y cerrar de ojos, mirarás atrás y recordarás el día en que pensaste que no serías capaz. Pero a pesar de ello lo lograste.

Tú tienes la capacidad de reajustarte a realidades maravillosas que nunca antes habías soñado.

¡Hoy ábrete a la renovación y permite que ese potencial latente en ti se manifieste cada vez más!

La decisión de crecer vale la pena.

Sólo tú puedes cambiar tu vida. El momento es siempre aquí y ahora.

Aprendes todo lo que enseñas.
Enseña sólo amor, porque eso es lo que eres.
Y aprende que el amor es tuyo y que tú eres amor.

– Un Curso de Milagros –

Semana · 36 ·
Ámate a ti mismo

Amarte a ti mismo es una invitación que te ofrece cada situación que vives. Cuando te amas verdaderamente, descubres que aceptar a los demás es algo que fluye como consecuencia de amarte primero a ti mismo tal y como eres.

Toda experiencia nacida desde tu amor propio te conduce a la realización y la dicha. Es un verdadero acto de dar porque se trata de una extensión del amor que reside en ti.

Cada meta que alcanzas sin amor propio es un chispazo de felicidad temporal que te deja vacío y frustrado cuando se va. Estas metas no suplen el amor y la paz que anhelas en realidad, porque provienen de deseos banales sustentados en la necesidad de ser reconocido o de sentirse especial.

En la medida en la que te dedicas a auto-conocerte, despiertas el poder de tu Guía Interna y logras reconocer que es tu Fuente Interior la que te brinda verdaderamente el amor y la aceptación que antes le reclamabas a tu entorno.

Cuando te niegas el amor a ti mismo, te cierras la puerta

de la felicidad, pues nada externo a ti puede llenar el vacío que tú mismo has producido.

Te fortaleces al alimentar la relación contigo mismo y al hacerte responsable por tus decisiones. Al dejar de apuntar a otros como los causantes de tu infelicidad, puedes concentrarte nuevamente en ti y abrir el campo para que renovadas experiencias te ocurran.

Creer que las soluciones externas son tu salvación te aleja de ti mismo. Cuando piensas que serás más amado, valorado o aceptado por tener mayor éxito profesional, más dinero, por conseguir una pareja especial o por lograr una nueva apariencia física, te auto-engañas y creas ciclos de drama.

Todas las maravillas que manifiestas en tu vida son una demostración del inmenso poder que vive en ti, pero cuando te vuelves esclavo de tus creaciones, te quedas atrapado esperando que ellas te den la felicidad. Depender de las condiciones externas te traerá frustración, porque en realidad la felicidad sólo puede provenir de tu interior y comienza cuando te aceptas a ti mismo en todas tus facetas.

Dejar de buscar afuera y hacerlo adentro te libera de la necesidad de que tu entorno te haga feliz; y así empiezas a convertirte en el Maestro de Amor que vive en tu interior.

Al conectarte nuevamente con este Maestro Interno, la sabiduría en ti fluye, aprendes a perdonar los antiguos errores cometidos en el pasado y renaces a una nueva experiencia de amor.

Volver a tu Centro Interior te libera de la desorientación que produce buscar el amor afuera de ti mismo o querer cambiar a los demás. Tu Guía Interna es una grandiosa brújula que te muestra milagrosamente como dirigirte de nuevo al camino del verdadero amor.

No esperes más a que alguien te ame o te acepte para estar en paz y ser feliz.

Hoy empieza contigo primero. Acéptate primero tal y como eres, y así podrás aceptar a los demás, recuperar tu felicidad y descubrir el amor incondicional.

Cuando te amas de corazón, ese amor tiene un efecto multiplicador y es reflejado en tu vida de formas fabulosas.

¡Hoy ámate y recuerda que dentro de ti reside la fuente del inmenso amor!

Disponte por un instante a soltar tus altares
y a liberarlos de lo que tú has puesto sobre ellos,
y lo que verdaderamente está ahí tú no fallarás en verlo.

- Un Curso de Milagros -

Semana · *37* ·
Da el salto

En el momento en que tomas la decisión de seguir tu llamado interior, realizar un salto de consciencia y activas tu Guía Interna, que te conduce a trascender tus límites y a experimentar nuevas y maravillosas alternativas de vida.

Cuando decides seguir a ese Maestro o Guía Interno, abres la compuerta de tu propia sabiduría y enciendes los mecanismos de una nueva mentalidad. Este impulso ilumina tu deseo por experimentar lo extraordinario. Cada vez que acudes a tu Centro Interior, te llenas de la fortaleza necesaria para vencer las dudas y las inseguridades personales que intentan evitar el aprendizaje en lo desconocido.

Al volver a tus raíces espirituales y auto-conocerte, abres las posibilidades de cambio y transformación, y dejas de vivir encerrado en ciclos de vida repetidos. Enfocarte en tus deseos verdaderos te conecta con la conciencia espiritual universal, que atrae a ti los medios y las herramientas requeridos para evolucionar y realizarte.

Renunciar al pesimismo y al temor de cambiar te libera, pues el mantenerte centrado en tus debilidades y en los defectos de los otros sólo hace que atraigas más limitación y caos a tu vida. Aquello en lo que te enfocas se convierte en tu realidad.

Sólo dentro de ti están las respuestas, y como resultado de elegir buscar adentro y no afuera, llegan los medios que manifiestan tu nuevo ideal. Reconectarte con tu Poder Interno aviva tu fortaleza y determinación, hace que salgas del enfoque en los obstáculos y que te centras en el fluir.

Cuando tomas la decisión de trascender tus límites y de experimentar algo diferente, tu Ser Interno se pone de fiesta y tu voluntad resurge dispuesta a dejar que la vieja identidad de apegos y temores sea liberada. Con tu mente despejada de recuerdos pasados y de ansiedades futuras, renace una personalidad alineada con pensamientos armoniosos que te invita a vivir en el presente.

Al encontrarte contigo mismo, reconoces que el temido salto no es sino un pequeño paso que te permite acceder al Poder que siempre ha estado en ti.

Dar el salto a lo desconocido es aceptar que dentro de ti ya tienes todo lo que necesitas para experimentar una vida maravillosa.

¡Sigue a tu Ser Interno! ¡Salta a nuevas experiencias y conquista los potenciales de tu poderoso desconocido!

El cambio sólo puede ocurrir en el ahora.

¡Es el momento de dar el salto!

El más santo de todos los lugares en la tierra
es aquél donde un viejo odio se ha convertido
en un amor presente.

– Un Curso de Milagros –

Semana · 38 ·
Simplemente perdona

El verdadero perdón siempre te invita a que te liberes toda atadura del pasado que te impide ser feliz hoy. Cuando en tu mente hay aceptación en lugar de juicios, la perspectiva de ver la vida a través del conflicto desaparece. La rabia, la frustración y el arrepentimiento se transforman en confianza y fortaleza.

Perdonar ocurre como una respuesta de auto-observación y de reconexión interior.

Al mirar adentro en lugar de hacerlo afuera, el Maestro de Sabiduría que vive en ti se activa y te muestra cómo transformar la forma en la que ves tus experiencias del pasado. De esta manera, puedes liberar los juicios o ideas que dicen que tus experiencias pasadas estuvieron mal o que no debieron suceder.

Si el perdón no ha ocurrido es porque —en forma consciente o inconsciente— existe una resistencia a sanar, a dejar ir o a pasar la página. En alguna parte de tu mente, quieres encontrar un culpable que justifique el porqué no puedes ser libre y feliz en el ahora.

Cuando quieres perdonar sin sentirlo, porque te han dicho que es lo que debes hacer, y lo haces porque eso es lo «correcto», no te liberas sino que te sientes aún más oprimido. El perdón verdadero no puede ocurrir cuando estás motivado por el miedo o por el control. Estos no son actos de valor sino de temor, que no pueden tener efectos sanadores porque no son auténticos.

Perdonar es un acto de amor motivado simplemente por el deseo de ser libre y feliz.

Al decidir perdonar de todo corazón, bien sea a ti mismo o a los demás, le estás haciendo una invitación instantánea a tu Maestro Interno para que acuda a ti, para asistirte en tu proceso de curación del pasado.

En un acto de humildad, pide ayuda a tu Guía Interior. Pídeselo desde tu corazón. Suelta el apego a los resultados y confía en que la respuesta siempre llegará.

Al dejar de dudar y al abrirte a esta respuesta, activas la sanación. Es entonces cuando las personas, los eventos y las situaciones comienzan a llegar de forma sincroniza a ti para mostrarte cómo perdonar verdaderamente. Te introduces entonces en el fluir milagroso de la vida, donde lo maravilloso y diferente puede ocurrir.

El perdón sucede cuando las creencias destructivas del pasado se han liberado. En este nuevo estado mental la sanación se da naturalmente.

Vives en un libre fluir cuando comprendes que tu Ser Interior tiene un plan divino para ti y que cada una de tus experiencias es una pieza necesaria en la gran obra de tu vida. Desde esta perspectiva, puedes ver a las personas y a las situaciones que llegan a ti como los maestros requeridos para tu aprendizaje.

El perdón requiere que salgas de los límites de tu visión física y desarrolles tu visión interior. Observar sin juzgar te permite liberar las expectativas que te habías formado sobre ti mismo o sobre los demás. De este modo podrás ver claro, dejarás de repetir conflictos pasados y pasarás la página hacia nuevas posibilidades.

La ayuda más valiosa se encuentra dentro de ti y siempre te acompaña; pero eres sólo tú quien la puede pedir y tomar. Depende de ti permitir que la ilimitada sabiduría de tu Maestro Interior te envuelva en un estado de paz y comprensión.

Toma la decisión de perdonar y abre tu mente a la felicidad y la libertad que tanto te mereces experimentar. ¡El perdón es tu tesoro!

Soy responsable de lo que veo.
Elijo los sentimientos que experimento
y decido el objetivo que quiero alcanzar.
Y todo lo que parece sucederme yo mismo lo he pedido,
y se me concede tal como lo pedí.

– Un Curso de Milagros –

Semana · 39 ·
Gobierna tu mente

Gobernar tu mente es realmente lo único que necesitas hacer para vivir una vida de plenitud. Al tomar el cien por ciento de las responsabilidades de tu vida, retornas inmediatamente a la Fuente de tu Poder, el hogar de dónde vienes.

El reto es siempre contigo mismo. No hay nadie afuera a quien tengas que demostrarle algo, hacerlo feliz o complacerlo sin tu consentimiento.

Estas obligaciones son imposiciones en tu mente basadas en el pensamiento de tu entorno, a quien has autorizado para determinar lo que supuestamente «debes hacer» o que «está bien hacer». Sin embargo, seguir estas creencias o no hacerlo es siempre tu elección.

Tomar la total responsabilidad de tu vida te permite ver que, detrás de todas las falsas expectativas, tu verdadero Ser espera a que finalmente ¡TE CONQUISTES A TI MISMO!

Dale la vuelta a tu vida, gira la rueda y date cuenta de que, al final, la partida es siempre contigo mismo.

Si estás en unión contigo, reflejarás esto donde quiera

que vayas; pero si estás alejado de tu Ser, de tu Guía Interna, tu vida será la proyección de tu estado de conflicto interior, y aunque mucho te esfuerces, nunca podrás complacerte a ti mismo y —en consecuencia— tampoco a nadie más.

Si sigues pensando que el juego de la vida es tratar de cambiar a los otros para poder sentirte tú alegre y completo, seguirás acumulando frustraciones, pues, al poner tu felicidad en manos de los demás, sueltas tu propio poder y la posibilidad de encontrar la felicidad donde realmente reside.

Es tu decisión complacerte a ti mismo, no complaciendo a tu ego, sino más bien alimentando los deseos verdaderos de tu corazón, yendo a tu esencia de amor y co-creando junto con ella una maravillosa realidad. Cuando dejas que tu felicidad dependa de tu entorno, te tambaleas internamente. Esa felicidad es muy inestable y se desmorona en el momento en que el círculo en el que te mueves no te brinda reconocimiento, aprobación, apoyo o agradecimiento.

Gobernar tu mente requiere que te conectes con tu Maestro Interior, quien te fortalece y ayuda a trascender las necesidades inconscientes de querer ser especial o reconocido por los demás. Tu Guía Interna te regala la sabiduría suficiente como para liberarte del apego a la opinión de los demás y, a cambio, te conduce a tratar frente a frente contigo mismo para que así puedas evolucionar.

La recompensa de encontrarte contigo mismo vale más

que todos los tesoros que jamás hayas valorado. Cuando gobiernas tu mente desde tu Ser, el amor de los demás viene a ti como algo natural, y la alegría de recordar quien eres realmente te eleva por encima de las falsas necesidades.

Experimentar tu verdadero Ser te permite reconocer que eres divinamente poderoso, que sin ti el Universo estaría incompleto y que todo lo que alguna vez pensaste que estaba fuera de ti, siempre ha estado adentro.

Hoy únete a tu Guía Interior y permite que el momento presente se vuelva lo más importante en tu vida, para así no postergar la llegada de la armonía y la paz, sino para que las reclames y las vivas en tu corazón.

¡Sólo tú puedes gobernar tu mente! Elígelo, pues el momento es el ahora.

Lo que veo da testimonio de lo que pienso.
Si no pensara no existiría, porque la vida es pensamiento.
Déjame mirar al mundo que veo
como la representación de mi propio estado mental.
Sé que mi estado mental puede cambiar.
Y así, también sé que el mundo que veo
puede cambiar también.

- Un Curso de Milagros -

Semana · 40 ·
Escucha desde tu ser

Más allá de tus oídos físicos, hay un Ser dentro de ti que sabe realmente escuchar. Es un poder tan inmenso y tan amoroso que te permite trascender las distracciones externas y el ruido mental para que puedas simplemente escuchar.

Cuando abres tu corazón con amor y entrega, sueltas la necesidad de tener la razón y de atacar los puntos de vista ajenos. Desde esta perspectiva, reconoces que cada relación, cada encuentro y cada situación son mensajeros que te invitan a conocerte más a fondo.

Los mensajeros llegan continuamente y de formas variadas. Sin embargo, debes estar dispuesto a escuchar, pues si estás inmerso en los problemas diarios, en los pensamientos de limitación y crisis, serás presa del temor y activarás los mecanismos de defensa que te impiden escuchar y ver desde el corazón.

Escuchar verdaderamente te capacita para percibir ideas que nunca imaginaste que estaban allí. Al abandonar los juicios o las críticas acerca de quien te da el mensaje y, en cambio, te enfocas en el mensaje en sí, logras reconectarte con la sabiduría y la humildad interna. Con esta nueva visión puedes comprender el propósito de cada situación.

Tu Sabiduría Interior reconoce que cada experiencia es un maestro que te enseña una valiosa lección y te ofrece una bendición. Cuando escuchas desde tu corazón, descubres que lo que te ocurre externamente es un reflejo de ti mismo, llamándote a ver más allá de lo superficial. Todo lo que te disgusta en tu vida representa un aspecto de ti mismo, es una invitación a armonizarte con una determinada situación pendiente de ser resuelta.

Cuando dejas de quejarte o de defender tus puntos de vista, abres tu mente a poder ver algo diferente. Sumergido en tus propios argumentos, no puedes escuchar la verdad de tu Ser. Al salir de la percepción personal, tú Guía Interior emerge y te envuelve, dándote la comprensión necesaria sobre lo que necesitas entender.

Cada vez que liberas un pensamiento de disgusto o condena, deshaces las paredes de temor que controlan la mente y transformas los reflejos caóticos de la vida en una nueva y luminosa realidad.

Los grandiosos regalos que tu Maestro Interior tiene reservados para ti son poderosas manifestaciones de amor y felicidad; pero sólo tú los puedes descubrir y experimentar, explorando dentro de ti. Sólo tú puedes elegir tu propia transformación, pues tu libre albedrío es sagrado y te pertenece. Eres tú quien la debe reclamar.

La ayuda de la Fuente Creadora, Dios, siempre está dispuesta para ti, pero nadie te puede ayudar si tú no la dejas. Si te encierras en la vieja manera de hacer las cosas, si te niegas a aprender y a evolucionar, repetirás las experiencias pasadas, no podrás sanar y te privarás de descubrir tus nuevos y maravillosos potenciales.

La Voz de tu Interior te habla continuamente, te guía, te acompaña, te consuela y te fortalece. Ofrécele tu tiempo y espacio para que la puedas recibir y escuchar.

Hoy deja de resistir los cambios y hazte receptivo a escuchar la alternativa interna que te brinda verdadera paz, abundancia y felicidad.

Es tiempo de dejar de pelear por tener la razón y por controlar. Es tiempo de aprender a fluir y a confiar. Hoy reconoce que en ti vive una poderosa Guía de Amor que te puede llevar más allá de cualquier defecto de carácter o limitación presente.

Hoy invita al amor y vuelve a creer en Dios. ¡Abre tu corazón y escucha tu Ser Interior!

Saber escuchar es siempre tu elección.

Todos los caminos que te dirigen lejos de lo que tú eres,
te llevarán a la confusión y a la desesperación.

- Un Curso de Milagros -

Semana · 41 ·
Haz una transición

La vida es un tránsito continuo que te puede llevar a experiencias de paz, abundancia y armonía. Al transitar por ella, siempre puedes elegir cómo interpretar el panorama que atraviesas.

Dentro de ti vive un Ser de Luz, un Maestro de Amor y Sabiduría que tiene una visión transcendental de tu experiencia y tus asuntos. Él te muestra lo que te ocurre de un modo que te aporta paz, comprensión y guía. La inteligencia ilimitada de este Guía Interior te permite entender el propósito de los sucesos desde una perspectiva elevada, ayudándote a que tu transición de una etapa a la otra sea amorosa y feliz.

Cuando decides abrirte a la perspectiva de tu Ser Interior, descubres que detrás de cada nuevo ciclo hay una oportunidad de autoconocimiento que te brinda un crecimiento continuo.

Por otra parte, en tu mente existe también la voz de un juez interior. Cuando permites que él te dirija, ves todo lo que te sucede desde una perspectiva de conflicto y te enfocas en culpar y criticar fuertemente a los que no cumplen con tus expectativas.

El juez interior te muestra un mundo sin propósito en donde el temor y los pensamientos de limitación son su fundamento.

La transformación en tu proceso de vida es algo continuo, por ello cuando eliges pedir guía al Maestro del Amor y no al juez interno, la forma en que experimentas tu día a día puede invertirse completamente, pasando súbitamente del caos a la tranquilidad.

Tienes dos alternativas a seguir: el maestro del conflicto o el Maestro del Amor. El poder de elegir siempre está dentro de ti, y aunque los pensamientos de limitación se hagan presentes, si te propones experimentar la paz, pasarás por encima de ellos y tu fuerza de voluntad te hará triunfar.

Cuando tomas un momento para invitar conscientemente a esta Guía Interior, abres la comunicación con ese gran poder y esa sabiduría que hay en ti, y así puedes descubrir el verdadero propósito de los acontecimientos de tu vida y reconectar con la mentalidad amorosa y poderosa que te pertenece.

De la mano de tu Guía Interior, te abres fácilmente al cambio y a la acción creativa y proactiva, ya que aceptas la evolución y quieres vivir en la creatividad de esa Fuente Interna de abundancia.

Toda transición en realidad te habla del perdón, invitándote a dejar atrás el pasado y a liberar los pensamientos que te oprimen, los temores y los juicios hacia ti mismo y hacia los demás, para entonces poder experimentar el momento presente siendo libre y feliz.

El Sabio Interior te señala que al otro lado del puente te espera un nuevo yo, —resplandeciente y fortalecido— que tiene claridad de su propósito.

Es el momento de trascender los pensamientos de limitación y renacer a las experiencias de dicha y paz que tanto te mereces.

¡El momento del cambio está siempre en el ahora y en tus manos!

Sólo tú lo puedes elegir.

En lo profundo de tu interior yace todo lo que es perfecto,
presto a irradiar a través de ti sobre el mundo.
Ello sanará todo pesar y dolor, todo temor
y toda sensación de pérdida
porque curará a la mente que pensaba que
todas esas cosas eran reales
y que sufría debido a la lealtad que les tenía.

– Un Curso de Milagros –

Semana · *42* ·
Desapégate

Desapegarse en paz es decirle «adiós» al pasado con amor y aceptación; soltar el control y el temor acerca el futuro y permitir que la vida te muestre alternativas de armonía y prosperidad. Al confiar en ti mismo y en tu verdadera esencia, te capacitas para abrazar el cambio y renacer a una nueva etapa.

Cuando te conectas con tu Sabiduría Interior, comprendes que cada momento es para vivirlo y consumarlo completamente en el aquí y el ahora. Al desapegarte de la necesidad de repetir el pasado, aprendes a dejar ir lo ocurrido y permites que la llegada de nuevas y armoniosas experiencias se manifieste en tu vida.

Insistir en que las cosas sean como eran antes te ancla en el ayer y te limita las nuevas expresiones. Esta mentalidad te atrapa en tu zona de confort y te impide crecer, evolucionar y comprender en un nivel más profundo el propósito de los acontecimientos.

Al abrirte a más y mayores aventuras, dejas de pelear con tu proceso de maduración y crecimiento personal; comprendes que en la vida hay ciclos y que existes en una continua transformación de oruga a mariposa. Así, la presión que te producía avanzar se minimiza, aceptas tus momentos de oscuridad sin condenarte y luego te preparas para dejar el capullo y salir a volar.

Cuando empiezas a desapegarte, te sales de tu zona de confort. Este proceso puede causarte algún malestar físico, emocional o mental. Sin embargo, esa incomodidad que te brinda el crecimiento te fortalece, te llena de valor y te entrega cualidades indispensables para continuar con tu nueva etapa del camino.

La voz de tu ego o mente de los juicios interpreta los cambios desde una perspectiva conflictiva. Seguirla te congela en el resentimiento, la culpa y el temor. Al soltar tu ansiedad y centrarte en el presente, pones a tu mente en una perspectiva más alta desde donde puedes vislumbrar maravillosas realidades que antes no alcanzabas a ver.

Tu Guía Interna te señala el camino seguro donde encontrar consuelo, paz y amor. Al escucharla, reconoces los retos como oportunidades para crecer y expandirte, y comprendes que detrás de cada aparente perdida hay una resurrección.

Cuando recuerdas que caminas de la mano de Dios, quien habita en tu interior, te sostiene la confianza. Así, abrirte a lo desconocido se convierte en una grandiosa travesía donde descubres que más allá de las sombras siempre está la luz.

¡Hoy desapégate! ¡Decide soltar, dejar ir y ser feliz!

Hoy elige momento a momento confiar y vivir plenamente el presente.

El momento del cambio ocurre en el ahora.

Más allá de todos mis locos deseos está mi voluntad,
unida a la Voluntad de mi Padre.
Dios sigue estando en todas partes y en todas
las cosas eternamente.

– Un Curso de Milagros –

Semana · 43 ·
Renuévate

Hoy es tu oportunidad de renovación, resolución y determinación. Es el momento de renacer a tu verdadero yo y de abrirte a una nueva conciencia de amor.

Comienza agradeciendo a la vida por el camino recorrido y por todos tus avances. Crece en sabiduría perdonando tus decisiones erróneas, así como las de los demás.

Al decir «sí» a lo nuevo y maravilloso, dejas que tu Guía Interior te lleve a experiencias más grandiosas, enseñándote el modo de manifestar cambios milagrosos.

Decide renovar tu mente liberándola de preocupaciones y enfócate en los pensamientos que te llenan de alegría y en los deseos de tu verdadero Ser.

Hoy toma de nuevo las riendas de tu vida con amor.

¡El cambio y la transformación pueden ocurrirte continuamente cuando tomas decisiones conscientes sin culparte!

Tus elecciones son fundamentales y el compromiso contigo mismo es crucial. Al elegir conscientemente experimentar tu verdadero Ser, activas tu Poder Interno y renaces a una grandiosa mentalidad que te llenará de vivencias armoniosas acordes con este nuevo pensar.

Hoy ábrete más a tu amorosa Guía Interior, pídele ayuda y orientación; permítele que te muestre el camino y deja que te enseñe un nuevo modo para manifestarte en el mundo con alegría, amor, armonía, abundancia, bienestar y paz.

Cada día y en cada momento tienes la oportunidad de empezar, de hacer borrón y cuenta nueva. Hoy deja de enfocarte en memorias dolorosas, pues ellas limitan tu capacidad de recibir lo nuevo y maravilloso que te quiere brindar la vida.

Es hora de comprometerte contigo mismo y de mantener el enfoque en tu Visión Interna. Es tiempo de reconexión. Respira conscientemente, fluye y suelta los arrepentimientos por el pasado. Agradece lo vivido mirando hacia adelante, hacia el magnífico futuro que estás co-creando junto con tu Guía Interior.

Entrega todo razonamiento o excusa que te atrapa en el pasado y que te impide experimentar la felicidad y el amor en el presente.

¡Deja que todo vestigio de resentimiento se disuelva en la paz de tu Ser Interior y disfruta del ahora, pues tú te lo mereces!

En esta nueva etapa, bendice y libera todo aquello que ya cumplió su propósito y toma la resolución de agradecer y aprender de cada lección que el pasado te dejó.

Es momento de visualizar un futuro limpio y despejado, tomando una nueva resolución interior y enfocándote en tu perfecto fluir.

¡Tú eres poderoso!

Usa tu Poder Interno y hoy comprométete a conquistar el único ser que puede cambiarte la vida: TÚ MISMO.

Cada decisión que tomas
se origina de lo que tú piensas que eres
y representa el valor que te pones a ti mismo.

– Un Curso de Milagros –

Semana · 44 ·
Elige a conciencia

Esta es realmente la única tarea diaria que tienes. Desde que te levantas hasta que te acuestas, tu día está lleno de oportunidades para elegir. Momento a momento debes decidir tu rumbo. Seas consciente o inconsciente de tus decisiones, tú siempre estás eligiendo y determinando el camino.

Eres realmente un ser poderoso y con un potencial ilimitado, que tiene derecho a despertar a una nueva mentalidad y a elegir momento a momento manifestar una vida de libertad, dicha, armonía, prosperidad y amor verdaderos.

Si al final del día no te gusta el resumen de elecciones que tomaste, seguramente has estado dirigido por un estado mental de ansiedad y temor que te sumerge en las rutinas cotidianas. Cuando operas de este modo, actúas automáticamente, determinado por tu pasado. Este ritmo acelerado te lleva a acabar tu día frustrado y buscando culpables por tu estado de infelicidad.

Si te detienes por un momento y —a conciencia— tomas tus decisiones, abres campo en tu mente para reconectarte con la Guía Interior de sabiduría que reside en ti. Este Maestro de Paz habita más allá del conflicto diario, y por lo tanto está capacitado para mostrarte las soluciones verdaderas a tus problemas. Su visión es siempre certera y te infunde el valor necesario para decidir a favor de tu evolución.

Si te niegas a reflexionar y a revisar tus elecciones, te cierras a tu propio Poder Interno, tu percepción se nubla y empiezas a sentirte como una víctima de la vida y de los demás; comenzando a creer que lo que haces es porque «te toca» y a pensar que estás sometido a los designios de las circunstancias.

La vida te presenta situaciones, pero es tuya la responsabilidad de elegir la más elevada posibilidad para cada momento dado. Cuando invitas a tu Guía Interna, te colocas de nuevo en alineación con la vida, con tu entorno y con un modo de ver donde las cosas tienen propósito y sentido. Dejas de resistirte y empiezas a confiar.

Al reconocer que puedes cambiar el rumbo de tu vida y al determinarte a seguir tu Visión Interna, puedes pasas de experimentar una vida aburrida y dramática a otra completamente maravillosa.

Tú puedes cambiar el modo en que percibes todo lo que te ocurre. Si no te gusta lo que experimentas, eso no tiene porqué seguir siendo así. Detente por un momento y abre la puerta a nuevas experiencias, haciendo nuevas elecciones motivadas desde tu interior.

Mientras sigas adherido a los rótulos y juicios limitantes del pasado, o haciendo elecciones superficiales que se basan en reacciones motivadas por el exterior o lo que los otros quieren para ti, te mantendrás atrapado. Si sigues actúas de este modo, entonces continuarás entregando tu poder y los demás estarán viviendo tu vida en lugar de hacerlo tú.

Tú eres mucho más que tu pasado; eres algo grandioso que sólo tú puedes descubrir. Para experimentar tu verdad debes saltar a lo desconocido y darle paso a un nuevo yo. Tu vida es tuya y nadie puede vivirla por ti. Nadie sabe realmente lo que tú deseas. Sólo tú puedes descubrirlo en el silencio de tu Ser.

Hoy libérate de cualquier atadura que te impida avanzar hacia una vida de dicha y realización. Hoy elige vivir de un modo honesto e intenso.

Hoy recuerda que nunca estás solo. Tu Guía Interna de amor te acompaña donde quiera que vayas y el Universo se exalta para ayudarte cada vez que tomas una sabia elección.

Hoy elige escucharte y despertar a un nuevo yo.

¡Es tu derecho elegir! ¡Hazlo conscientemente!

Sólo tú puedes cambiar tu vida.

No te desesperes por causa de tus limitaciones.
Tu función es escapar de ellas, no que no las tengas.
Examina el problema, pide la repuesta,
y cuando te llegue, acéptala.

– Un Curso de Milagros –

Semana • 45 •
Sé tenaz

Cuando avivas tu Fuego Interior y te comprometes contigo mismo, emergen la fortaleza y la tenacidad necesarias para dejar atrás tus apegos, dudas y miedos. Logras lanzarte hacia la consecución de tu gran ideal: construir una vida en donde realices los anhelos de tu Ser, permitiéndote verdaderamente ser libre y feliz.

Al sacar valor para conquistarte a ti mismo y dejar de quejarte o enfocarte en lo difícil que está siendo la jornada, descubres que la puerta de tu Ser está abierta y que tu Guía Interior aguarda para mostrarte el modo más simple de llegar a tu propósito y manifestar tus maravillosos potenciales de realidad.

Cuando te esfuerzas por transformar tus propios pensamientos de limitación, por perdonar y por abrirte a nuevas oportunidades, logras redirigir tu forma de pensar y activar la fuerza que te impulsa a dar ese paso extra. En la medida en que le permites a tu Ser apoyarte y te vuelves humilde para recibir su sabiduría, dejas de desfallecer en medio del camino y desarrollas cada vez más tu tenacidad.

Si abres un espacio en tu mente para observarte y aceptar lo que tu Voz Interna te quiere decir, tu valentía se agudiza y puedes decirle con determinación «¡no más!» a las viejas excusas y justificaciones que te impedían avanzar y evolucionar.

Crecer implica que te permitas ser vulnerable. Cuando te adentras en una consciencia más elevada, el cambio te trae experiencias desconocidas y tu vieja identidad se desvanece. Ser vulnerable no quiere decir ser débil, sino tener la humildad necesaria para aprender, reconociendo que no eres menos por no saber algo y que incluso las equivocaciones son necesitas para avanzar.

Tú tienes libre albedrío y un grandioso poder; eres el único que puede dejar de depender de la aceptación de los demás y de movilizarse según los esquemas de otros. Eres el único que puede labrar su propio destino y dirigir su camino hacia la verdadera abundancia, felicidad y paz.

Cuando aprendes a detenerte y a escuchar tu Voz Interior, descubres que en lo más profundo de ti hay verdaderos deseos, talentos y sentimientos esperando a ser descubiertos y expresados. Al permitirte ser tú mismo, te das la libertad de re-inventarte como deseas ser, de atender y nutrir amorosamente lo que el Ser Interior que habita en ti anhela manifestar.

Te fortaleces en la medida que te conectas con tu Guía Interior, pues en ella reside tu sabiduría. Es tu propio ser quien te ofrece el coraje necesario para dar a luz a todo aquello que llevas dentro.

Desarrollar tu tenacidad te conduce a conquistarte y sentirte orgulloso de quien realmente eres. Ser tenaz es reconocer tu abundancia, viendo que existen en ti los más grandiosos potenciales. Lo que ves ahora en ti es como la punta del iceberg de quien realmente eres en tu interior.

Es el momento de hacer un cambio de mentalidad, de tomar valor y de reclamar una vida de paz, armonía, amor y abundancia verdadera.

Determínate a dar los pasos requeridos para que la nueva persona que tu alma ansia ser consiga triunfar.

¡Hoy decide brillar a tu propia manera con tenacidad! Déjate nacer.

Sólo tú puedes elegirlo.

Nadie que verdaderamente
se proponga alcanzar la verdad
puede fracasar.

– Un Curso de Milagros –

Semana · 46 ·
Persevera

Cuando tomas la decisión de trascender tus retos y sigues avanzando a pesar de tus dudas o temores, la fuerza y amor del Maestro Interior que hay en ti emerge poderosamente para mostrarte cómo vencer esos obstáculos y cómo ser capaz de experimentar un día de paz y felicidad.

El camino al éxito, la armonía y la paz se encuentra dentro de ti. Para manifestarlo, es necesario que avances en él con dedicación y compromiso. Es a través de tu persistencia que despiertas tu fabuloso Poder Interno y que aprendes a usarlo para trascender cualquier viento en contra que se presente en tu cotidianeidad.

Tú puedes alcanzar la realización de una vida verdadera, puesto que en ti reside la capacidad de ser feliz y de disfrutar cada paso del camino; pero si piensas que sólo serás feliz y que estarás completo en el momento en el que alcances ciertos resultados o metas, te pierdes las bendiciones que te ofrece el ahora y rechazas la posibilidad que te brinda el presente de ser feliz hoy mismo.

Cuando eliges confiar en tu Sabiduría Interior, en vez de enfocarte en tus temores a cada paso del camino, comienzas a experimentar una realización completa de forma continua. Dejas de auto-engañarte pensando que tu felicidad se encuentra en el futuro o en manos de alguien que te la quitó. Comprendes que existe una manera pacífica y saludable de ver o interpretar lo que te ocurre y que el hecho de aferrarte a tener la razón te desgasta y enferma.

Tu felicidad y tu paz ya están en ti. No te dejes engañar pensando que ellas se hallan fuera de tu alcance. Eres tú quien debe reclamarlas y quien debe persistir en aceptarlas día a día. Perseverar en este objetivo te permitirá desarrollar una Fuerza Interior con la que serás capaz de reclamar las bendiciones que verdaderamente te mereces de un modo constante.

Recuerda que en ti vive una sabia Guía Interior. Invítala para que te dirija hacia la manifestación de esa vida de gozo y armonía. Esa fuente maravillosa que vive dentro de ti se expresará con gran magnificencia cada vez que tú así lo permitas.

Con la fortaleza que te brinda tu interior vencerás aquello que antes veías como insuperable y reconocerás que todo tu esfuerzo y dedicación por evolucionar tienen un gran propósito.

¡Tú eres un Maestro de grandioso poder!

Hoy persevera en el camino de encontrarte contigo mismo.

Hoy recuerda que la felicidad te acompaña, te pertenece, y se encuentra en ti donde quiera que vayas… si así lo eliges.

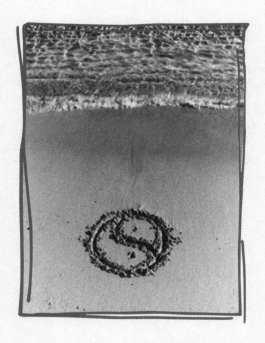

El aparente costo de aceptar la idea de hoy es el siguiente:
significa que nada externo a ti puede salvarte
ni nada externo a ti puede brindarte paz.
Significa también que nada externo a ti
te puede hacer daño, perturbar
tu paz o disgustarte en modo alguno.

– Un Curso de Milagros –

Semana · 47 ·
Equilibra tu energía

En tu Ser se envuelve la Unidad. Independientemente de tu sexo, en ti residen los aspectos masculino y femenino. Cuando desde tu Guía Interna decides balancear sus características particulares, te permites crecer y evolucionar en plenitud, armonía y alegría.

En ti viven los diferentes roles de cada energía, las representaciones de la madre, la hija, la amiga, la esposa y la guía; así como las representaciones del padre, el hijo, el amigo, el esposo y el guía. Cuando tienes la humildad de aprender tanto del aspecto femenino como del masculino, te elevas por encima de tus limitaciones y te realizas manifestando un Ser de amor y fuerza espiritual.

Es tiempo de reconciliar los opuestos y de soltar los rencores asociados a tu madre —proyectados en otras mujeres—, así como los de tu padre —proyectados en otros hombres—. Deja que tu Guía Interior te muestre el camino del verdadero perdón y te lleve a la liberación del pasado y al renacimiento del presente.

En tu comunión con las cualidades femeninas y masculinas, te equilibras y descubres que cada aspecto te invita al crecimiento y a la evolución; te das cuenta que los ambos viven dentro de ti y que te empujan a que los envuelvas y los desarrolles con amor y determinación.

Tu aspecto femenino te invita a abrir tu corazón y a experimentar el amor y la compasión con entrega, de modo incondicional hacia ti mismo y hacia los demás. Cuando dejas que tu aspecto femenino actúe, recuerdas tu capacidad de comunicarte intuitivamente y de ver con los ojos de tu Ser Interior. Al permitirte trascender las percepciones limitadas, puedes comprender nuevamente el lenguaje del amor de corazón a corazón.

Por otra parte, reconocer tu aspecto masculino te enseña que eres un creador por naturaleza y te muestra tu capacidad de impulsar nuevas ideas y concretar extraordinarias manifestaciones en tu vida. Al permitir que tu energía masculina fluya desde tu Centro Interno, te llenas de valor, energía, fuerza y determinación para avanzar hacia los propósitos de tu Ser.

Tú Guía y Maestro Interior representan el perfecto balance, pues es tanto femenino como masculino. Se mueve en la energía del Padre así como en la de la Madre; sabe qué tipo de guía necesitas y qué lección debes aprender en cada momento.

A veces te enseña de modo suave y sutil, envolviéndote con dulzura, paciencia y compasión; y otras veces te enseña con determinación y potencia, permitiéndote desarrollar el valor y la fortaleza.

Depende de ti desplegar los aspectos femenino y masculino. Si quieres volver a la unidad, no debes resistirte a ninguno de tus aspectos. Equilibrar estas dos energías implica primero descubrirlas y conocerlas, para luego aceptarlas e integrarlas en tu vida. Entre más las conozcas, más fácilmente podrás envolverlas en tu cotidianidad y finalmente hacerlas parte de ti de un modo natural.

Tu Guía Interior Padre-Madre siempre está dispuesto a mostrarte el camino de la compasión y la fortaleza. El viaje a tu interior requiere de una perfecta mezcla de amor y valor. Debes ser lo suficientemente amoroso y compasivo así como lo bastante valiente y confiado como para vencer tus propios miedos y manifestar los ideales desconocidos de tu Ser Interior.

Al encarnar estas cualidades opuestas, te conviertes en un radiante imán que atrae a su paso las más hermosas expresiones de armonía, abundancia, paz y poder divino.

¡Hoy ábrele la puerta al equilibrio y déjate guiar por el Maestro Interior que sabe como manifestarlo!

Tu energía masculina y femenina es un precioso regalo que sólo tú puedes activar. El momento del cambio siempre está en tus manos.

Jamás puedes estar solo
porque la Fuente de toda vida
va contigo donde quiera que tú vas.

– Un Curso de Milagros –

Semana · 48 ·
Descansa tu mente

Cuando te tomas el tiempo para descansar tu mente, abres un espacio donde reconocer lo que verdaderamente deseas y te mereces. Al reconectarte con tu Guía Interior, te renuevas y puedes avanzar con claridad hacia visiones que te traigan paz, armonía y prosperidad.

La acción sin reflexión te provoca duda y confusión. Cuando te centras en la angustia del trajín diario, produces pensamientos cubiertos de emociones conflictivas que te impiden ver mas allá de la ansiedad. Descansar la mente te permite identificar amorosamente los pensamientos que obstaculizan tu avance fluido.

Tu mente es un terreno fértil en donde cosechas los frutos de cada pensamiento que siembras. Al detenerte y elegir conscientemente las ideas que deseas albergar, activas el poder de tu intención y logras dirigir la atención hacia alternativas sanas que te ayudan a evolucionar.

Acumular temor, resentimientos y culpas te ancla en un enfoque dramático. Soltar la mentalidad temerosa te permite reconocer que el querer controlarlo todo desgasta tus emociones y deja tu mente en un estado de caos.

Detenerte y respirar atentamente es el comienzo del

descanso mental. Cuando formas el hábito de relajar tu mente, te permites escuchar las alternativas que tu Guía Interna te señala. Ese sabio Maestro que vive en ti te enseña a priorizar y a tomar acciones sabias que te mantienen en el camino de la felicidad.

Si no te despejas no puedes ver tus máximos potenciales, tus pasos son guiados por la ansiedad del ego y tus reacciones motivadas por el temor.

Es hora de desapegarte de las rutinas estresantes, de hacerte tiempo para construir tu crecimiento personal e invertir en tu propio Ser. Al armonizar la forma en que te percibes a ti mismo, verás tu propio reflejo en una vida de fluidez y paz.

Es tu trabajo detenerte y darle un descanso a tu mente cansada. Es tu labor abrir un campo para la relajación, la meditación y el encuentro interior; pues es en estos momentos cuando más fácilmente dejas ir los pensamientos limitantes que te envuelven en hábitos destructivos. En estos reencuentros contigo mismo te recargas de energía vital, te fortaleces y puedes retomar tu día con mayor claridad y sabiduría.

Detrás del trajín diario se esconde el mensaje que tu Ser Interior quiere mostrarte. Ábrele campo a su guía, pues más allá de tu estrés y tus dudas se encuentran la certeza y la paz que te permiten realizar tus más elevados ideales de forma armoniosa, tranquila y con amor.

Es el momento de descansar la mente y escuchar a tu Maestro Interior.

Sólo tú puedes transformar tu vida.

La humildad es una lección para el ego, no para el espíritu. El espíritu está más allá de la humildad porque reconoce su esplendor y gustosamente irradia su luz por todas partes. Los mansos heredarán la Tierra porque sus egos son humildes y su percepción es fidedigna.

– Un Curso de Milagros –

Semana · 49 ·
Desarrolla la humildad

Aceptar que estás en un continuo crecimiento y evolución te permite abrirte al aprendizaje que te trae cada día y comprender que el plan de vida que tu Ser Interior tiene preparado para ti es inmenso y maravilloso.

Necesitas ser humilde para poder ver lo que no conoces; pero la voz de tu mente limitadora o ego quiere constantemente hacerte creer que el antiguo modo de operar en tu vida es el correcto. Cuando te cierras al crecimiento, la arrogancia se apodera de ti.

Debes vencer el falso orgullo para reconocer que detrás de la intensa idea que te dice que tienes la razón, se oculta la posibilidad de estar equivocado. Tu punto de vista puede ser válido, pero el punto de vista alternativo que te presenta la vida también lo es y siempre te regala una enseñanza.

Al permitir aunque sea que un solo rayo de luz entre a tu mente, pones a tambalear tu modo de ver las cosas y te vuelves capaz de cuestionar tus reaccionas ante las situaciones. Entonces, tienes la posibilidad de escapar de la pequeñez que te hace pensar que la vida y el mundo son tal como tú crees que son, que las cosas son tal como tú dices y que tus interpretaciones son siempre las correctas.

Reconociendo las ideas fijas que limitan tu mente y entregándolas a tu Guía Interna puedes trascender la postura petulante del ego; que piensa que se las sabe todas, que alimenta tu terquedad y que te previene de conocer una perspectiva mayor o más extraordinaria.

La arrogancia es sólo un mecanismo de protección. Cuando logras tener la razón, tienes la ilusión de ser fuerte. Cuando no sabes y vas de la mano de tu ego, te sientes débil. Pero si confías en tu Ser, verás que la arrogancia se desvanece, pues ella sólo se sustenta en el miedo a lo desconocido.

Si crees que tu personalidad del pasado te puede mostrar la salida, te estás engañando. Necesitas humildad para reconocer que tu pequeño yo sólo forja un mundo de dramas y fantasías conflictivas.

Sin embargo, más allá de esa pequeña personalidad ego, se encuentra tu verdadera identidad en espera de ser recordada. Tu identidad divina es tu esencia real, allí donde residen tu poder, el amor y la sabiduría ilimitados.

Cuando finalmente te rindes ante tu Maestro Interno, puedes soltar tu identidad pasada y abrir el canal de comunicación para que esta Guía te hable. Esta Voz Interior siempre te espera con una paciencia inimaginable. Serena, poderosa y llena de paz, sabe guiarte hacia el extraordinariamente amoroso reino de felicidad abarcadora.

Es tu elección insistir y seguir viviendo a tu modo pasado, repitiendo los dramas antiguos vinculados a tu salud, tu trabajo o tus relaciones; pero también puedes elegir contenerte y decir: «¡No más!». Puedes detenerte y abrirte a tu Ser Interior, permitiéndole que te muestre el camino de salida de los patrones destructivos y la entrada a la dimensión de una vida en armonía.

No esperes más para experimentar lo extraordinario.

Ábrete a descubrir el maravilloso mundo que te espera.

Mereces ser feliz y descubrir lo que realmente es vivir.

Un paso de humildad te mostrará lo grandioso que realmente eres.

El momento de darlo se encuentra siempre en el ahora.

¿Quién puede depositar su fe en la debilidad y sentirse seguro?
Por otra parte, ¿quién puede depositar su fe en la Fortaleza
y sentirse débil?
Dios es tu seguridad en toda circunstancia.

– Un Curso de Milagros –

Semana · 50 ·
Sigue adelante

En ti reside una poderosa fuerza que te sostiene para seguir adelante.

Al determinarte a manifestar los deseos de tu corazón y comprometerte con esta intención, activas esa poderosa fuerza que te impulsa a avanzar con expectativa positiva y a alcanzar aquello que verdaderamente deseas.

De tu constancia depende que tu alternativa de cambio y renacimiento a elevados potenciales de vida se haga una realidad.

Eres un Ser de amor, de poder, de creatividad y de sabiduría. Dentro de ti se encuentran las respuestas que tanto buscas afuera. Es indispensable que te conectes con tu Guía Interior cada día para que mantengas la fortaleza que te permite seguir adelante, así como la fe y la confianza de que todo lo sembrado con amor tarde o temprano va a crecer y florecer.

Si dejas de quejarte respecto a cómo se desenvuelven las situaciones en tu vida, despejas tu mente y la rediriges hacia tus verdaderos anhelos. Con una mente abierta puedes avanzar sin desgastarte. Al aceptar las situaciones tal y como son, no te resistes, lo que te permite reservar energías para continuar caminando hacia los deseos de tu corazón.

Cuando miras hacia atrás con gratitud por cada una de tus experiencias de vida, te fortaleces y sales más fácilmente de la angustia; pues transformas tus cansadas emociones en sentimientos de esperanza. Mantenerte agradecido y en un continuo reconocimiento de tus bendiciones, te coloca en el aquí y el ahora; abres en tu mente un gran campo de energía que te conduce a ver un futuro renovado y te capacita a recibir verdaderos milagros.

En ti vive una maravillosa Guía Interior que está conectada con la Fuente Creadora de todo lo que hay. Esta Guía te conoce perfectamente y sabe en qué momento te encuentras. Conoce tus retos, tus deseos y todo tu potencial. Sabe que detrás de tu fragilidad humana se esconde tu gran poder divino y las posibilidades ilimitadas de experimentarte como un ser libre y feliz.

Elige de nuevo reconectarte con este Maestro Interno. Toma un momento cada día para aquietarte y escuchar la Voz Interior que te llena de calma, fortaleza y motivación.

Al colocarte en un estado más tranquilo, recibes ideas inspiradoras y la fuerza requerida para superar cualquier reto que experimentes en el ahora. Así, recibes la sabiduría necesaria para transformar tus formas destructivas de ver la vida y cambiarlas por una visión constructiva donde la esperanza siempre te acompaña.

Hoy elige abrirte a las posibilidades de crecimiento y evolución. Sólo tú puedes aceptar los medios y los apoyos que tu Guía Interior pone ante ti para ayudarte a seguir adelante y a conquistarte a ti mismo.

Saber recibir y sentirte merecedor de la ayuda hace que tu nueva realidad sea posible. Hoy permítete avanzar viviendo y disfrutando cada momento que te ofrece el presente.

Es siempre tu elección apoyarte de corazón.

El tiempo del cambio ocurre aquí y ahora.

¡Es el momento de seguir adelante!

No soy débil sino fuerte,
no soy inútil, sino alguien todopoderoso,
no estoy limitado, sino que soy ilimitado,
no tengo dudas sino seguridad,
no soy una ilusión, sino algo real.

– Un Curso de Milagros –

Semana · 51 ·
Deja las dudas

Ya es hora de dejar de dudar y decidir creer en ti. Es tiempo de aceptar tus cualidades, talentos y habilidades. Es momento de elevar tu consciencia y colocarte en una perspectiva en donde reconozcas con claridad ese máximo potencial que existe en ti.

Cada duda acerca de tu valía te detiene y te conecta con pensamientos de conflicto. En cambio, cada vez que te aceptas tal como eres, te conectas con pensamientos de amor y apoyo que te brindan la fortaleza para avanzar hacia un futuro de paz.

Cuando eliges buscar las respuestas dentro de ti, la comunicación con tu Guía Interior fluye y dejas de tropezarte con la duda. Escucharte a ti mismo te permite comprender el propósito de las situaciones que te ocurren y dejar de pelear con ellas. Te das cuenta que cada circunstancia siempre te regala valiosas lecciones.

Es la época de aceptarte y amarte de nuevo, de soltar toda duda o temor acerca de si eres o no capaz, sobre si eres o no merecedor. Es tiempo de creer que te mereces evolucionar a tu siguiente y grandiosa etapa.

No es necesario castigarte más por sucesos pasados, no

es necesario quedarte más tiempo revisando lo que ya ocurrió. Dejar a tu mente divagando en el ayer sólo te trae dudas. Esta confusión se desvanece cuando te centras en el presente y recuerdas que la felicidad ya se encuentra dentro de ti.

Tienes en ti el grandioso poder de trasformar la forma como te percibes a ti mismo y a tu vida. Tienes el poder de cambiar de actitud y elegir ver lo más maravilloso que hay en ti y en los que te rodean. Tienes la habilidad de elegir estar en paz y disfrutar del presente aquí y ahora.

Es tiempo de renacer a una conexión más profunda con tu Ser Interior y permitirte ser tú mismo.

Hoy no dudes más sobre ti mismo.

Hoy confía en ti y cree de nuevo que sí eres capaz.

Haz de hoy un día grandioso y decide que verdaderamente te mereces ser feliz.

¡Sólo tú lo puedes elegir!

El símbolo de la Navidad es una estrella:
una luz en la oscuridad.
No la veas como algo que se encuentra fuera de ti,
sino como algo que refulge en el Cielo interno.

– Un Curso de Milagros –

Brilla como una estrella

La luz es el símbolo de tu esencia espiritual, las poderosas y prósperas estrellas que brillan en lo alto del firmamento reflejan tu belleza e inmensidad interior. Te alegran porque en ellas reside el recuerdo del gran tesoro y la poderosa luz que viven dentro de ti.

Tu valía va mucho más allá de tu percepción personal o autoimagen que proviene de vivencias pasadas. Tu valor está incluso más allá de aquellas hermosas ideas que logres imaginar. Tu verdadero valor es de una naturaleza ilimitada y es tan grandioso que no hay manera humana con la que puedas medirlo.

Tu divino valor reside en la naturaleza de amor que realmente eres.

El amor todo lo tiene, todo lo abarca, todo lo sabe, todo lo puede, todo lo es.

Dios es amor. El amor es Dios. Y eso es lo que eres.

Accedes al amor gracias a tu Guía Interior que esta en comunión constante con esa Fuente Creadora llamada Dios. El amor siempre te libera y siempre te fortalece, el amor nunca condena.

Para permitir que el verdadero amor se manifieste en tu vida, debes dejar ir los viejos conceptos acerca de Dios. Pues las creencias falsas que albergues acerca de Dios reflejarán en tu vida un mundo limitado acorde a este pensar erróneo.

Brillar como la estrella que eres es todo un honor y un deber del Maestro de luz y paz que realmente eres.

Tú encarnas cualidades divinas y emanas belleza, compasión y amor. Siempre que irradias luz vas de la mano de tu Maestro Interior quien te llena de sabiduría para hagas tuyo el valor y la humildad. Necesitarás valor porque el amor se expresará en una forma auténtica y espontánea muchas veces deshaciendo moldes y expectativas que impedían tu realización así como la de otros. Y la humildad permitirá que la luz y el amor fluyan a través de ti sin egoísmos, pretensiones ni intereses personales.

Brillar con tu luz interna implica recordar que eres UNO con todo. Entre más recuerdas esta realidad, más dejas de temer y de sentirte amenazado por tu entorno. Al tomar responsabilidad por el todo recuerdas que lo que es sano y beneficioso para ti es en consecuencia sano y beneficioso para el otro.

Cuando atacas a otro simplemente te estás atacando a ti mismo, al recordar esto, atacar deja de tener sentido. Entre más conexión sostienes con tu Guía Interna más conciencia del bienestar común desarrollas, por ello eventualmente dejarás de atacarte completamente.

Empiezas a brillar cuando te permites conocerte y amarte.

Hoy toma un tiempo para recordar que los más grandiosos regalos viven dentro de ti. Hoy todo lo que envíes o recibas de la vida vívelo como una experiencia de unidad. Permite a tu Guía Interior interpretar el propósito de las cosas para que puedas verlas desde el amor, la paz y la felicidad de tu corazón.

Recuerda que todo lo que experimentas desde una consciencia de amor te ilumina, se multiplica y se manifiesta en tu vida como bendición. Deja que tu luz resplandezca, que envuelva a todos y se refleje donde quiera que estés.

Hoy suelta lo que opaca tu brillo y comienza a construir el camino iluminado que te pertenece. Te lo mereces.

Es tiempo de encender tu luz interior y extender todo tu amor.

¡Tu mejor regalo al mundo es brillar como la estrella de luz que realmente eres!

Oración de cierre

Si has completado todo el proceso del libro, seguramente en este momento ya has establecido una relación más profunda y amorosa con tu Guía Interior. (Siempre que quieras podrás repasar los capítulos de tu mayor interés o repetir el proceso completo de las 52 semanas).

Ahora te dejaré con las siguientes frases que he diseñado para ti en forma de oración. Puedes usarlas a partir de hoy para invitar a tu Maestro Interior y permitirle así que te llene de sabiduría y gracia divina cada nuevo día.

Lleva esta oración contigo o memorízala. Úsala y repítela cada vez que quieras encauzar tu mente hacia un estado de tranquilidad. Al interiorizarla podrás centrarte de nuevo en la consciencia de amor y paz que te pertenece y tanto mereces:

Poderosa y amada Guía Interior,
hoy entrego mi día en tus manos y me dejo ayudar.
Tu sabiduría es mi guía y cada vez fluyo más fácilmente.
Hoy recuerdo que vas conmigo donde quiera que voy
y que tu amor me sostiene.
Aquí y ahora me siento a salvo y en paz.

Maestro Interior,
muéstrame hoy lo que es ser una expresión del verdadero amor.
Ayúdame a vivir la abundancia desde mi infinita divinidad.
Estoy agradecido de ser quien realmente soy.
Hoy elijo confiar en la vida y en el propósito de todo lo que sucede.
Cada día me siento más radiante, libre y feliz.

Y así es.

— Gracias Dios —

Agradecimientos

A mi fantástica Guía Interior de todo corazón ¡muchas gracias por mostrarme el camino de vuelta a casa! Gracias por avivar mi fuerza de voluntad y mi compromiso con el despertar a una consciencia de amor. Gracias por llenarme de luz y por la milagrosa inspiración que me has regalado a cada instante durante la realización de este libro.

A mi amado Marcos, un mensajero poderoso, enviado directamente desde el maravilloso reino de mi Guía Interna. Gracias por creer en mi, por crecer conmigo y por ayudarme con tanto empeño a realizar mi propósito en la vida. Tu apoyo sin duda ha sido fundamental y te estoy plenamente agradecida. Gracias por ser en mi vida una verdadera expresión de luz, fortaleza y alegría. Soy bendecida con tu presencia y con tu inmenso amor.

A mis queridos alumnos y clientes, ustedes me han permitido expresarme plenamente, dejar mi Ser fluir y experimentar el amor incondicional. Me llena de gozo verlos florecer en formas tan grandiosas como he podido presenciar. Es un honor ayudar a tan hermosos y fantásticos seres a recobrar su poder divino y su verdadera identidad. Ustedes son un regalo en mi vida, les agradezco su confianza, compromiso y amor.

Acerca de la autora

Diana Jaramillo se dedica activamente a ayudar a las personas en el despertar de su consciencia espiritual, enseñándoles cómo abrir el canal de comunicación con su propia Guía Interior.

Diana nació en Bogotá, Colombia, y estudió Periodismo en la Universidad La Sabana de Bogotá.

Diana reside en Miami, USA y desde hace más de 10 años imparte cursos grupales y entrena individualmente a personas en varias partes del mundo vía on-line con sus programas de mentoría y crecimiento personal.

Desde el 2003 Diana ha facilitado semanalmente clases sobre Un Curso de Milagros, al que considera la columna vertebral de su despertar de conciencia.

Para más información sobre sus eventos y programas de mentoría privados, visita: www.dianajaramillo.com